［知識
圖書館］
豐富孩子的視野

知識
圖書館

豐富孩子的視野

[知識
  圖書館]
豐富孩子的視野

美洲大洋洲篇

走吧走吧！
跟世界做朋友

培養中小學生人文素養的最佳讀本

施賢琴（小茉姐姐）/著

KIDISLAND・兒童島 /繪

快樂文化

埋下探索世界的種子
成為終身學習者

文／臺北市永安國小校長　邢小萍

　　打開一本書，讓你遊歷全世界！真的有這麼一本書嗎？不要懷疑！請跟著小茉姐姐一起跟世界做朋友！

　　世界有多大？當你走出家門就開始認識世界！記得要打開你敏銳的雙眼仔細觀察喔！世界呈現出多元繽紛的色彩，世界的每個角落都有值得我們探索的奧祕知識。雖然我們不一定都能出國旅行，但是古人說過：「讀萬卷書，行萬里路」。《走吧走吧！跟世界做朋友》透過已經出版的「亞洲篇」、「歐非洲篇」及現在呈現眼前的「美洲大洋洲篇」，17 座廣播金鐘獎得主小茉姐姐帶大家跟著 Super 導遊，遊歷世界，一起打開靈敏的雙眼，張開想像的翅膀，穿過古老冰河，踏過世界屋脊，訪過古聖先賢的故居；

從古到今，由東到西，從北半球到南半球；在主題式的導覽中，不錯過每一個國家的精采焦點；在實景照片與插圖中神遊名勝古蹟。真的很酷喔！

　　12 年國教課程在 108 年正式上路，強調的是「核心素養」，透過跨越領域、跨越科目的真實情境學習，培養孩子的國際觀、知識觀與解決問題的能力，更重要的是要讓孩子成為一個「終身學習者」。這一套既像是旅遊手札又像是世界百科的好書，就是培養孩子終身學習的良伴與利器。因為書裡的每一個主題都吸引讀者的眼睛；精準的掌握和有趣的敘述，讓讀者愛不釋手，為充滿好奇的小讀者埋下探索世界的種子，當他們有行動力時，壯遊世界的旅程就會出發！而書裡

讓老師和家長們驚豔的，應該是那10個重量級的「國際焦點議題」！核心素養中提到「自主行動」、「溝通互動」、「社會參與」，作為地球人，身為地球公民的一份子，如何透過行動力，認識國際焦點議題展開關心並促進共好的實踐力，就顯得格外重要！以「美洲大洋洲篇」的三個國際焦點議題來看，其中一個議題是「世界級的運動比賽－奧林匹克運動會」，搭配的是原本 2020 年要在東京舉行的奧運，雖然這個賽事因為新冠疫情而延後，但在書中，小茉姐姐提醒我們，可以透過網路及視訊一起為來自世界各地的選手們加油打氣喔！

你想環遊世界嗎？就從閱讀這套書開始！52 個國家，250 張實景照片，52 幅主題手繪圖，420 多個小知識，52 幅地形圖，52 個當地重要人物，10 個國際焦點議題；分別從人文、地理、政治、歷史、文化、飲食、建築、音樂、自然、景觀……入手，深入淺出圖文並重，對了！還介紹各地的伴手禮喔！很有趣吧！別猶豫了，快跟著小茉姐姐一起發現各地不同的文化，探索不同國家的風土民情，並規劃自己未來的旅遊地圖，把自己的夢想和實踐過程紀錄下來，我們更期待您也能成為「跟世界做朋友」的小小作家喔！

我們都是世界公民
團結合作讓地球更美好

全世界有五大洲，249 個國家，人口總數超過 70 億，每個國家有各自的語言、文化及生活方式，在航運和科技進步下，國與國之間的界線越來越模糊，往來益加頻繁，其他國家發生的大小事，沒人能置身事外。像 2020 年初爆發的新型冠狀病毒，造成了全球大流行及恐慌，也重創全球經濟，如何集合眾人力量，讓世界越來越美好，是每位世界公民的責任，因此，在《走吧走吧！跟世界做朋友》套書中，特別企劃了「世界議題」篇章，期待每位小朋友能從小培養對於世界的關心，發揮人飢己飢，人溺己溺的精神。

為引起小朋友的共鳴，小茱姐姐挑選了與兒童生活相關或國際熱門的議題，除了以清楚易懂的方式爬梳國際議題的來龍去脈外，也提供小朋友能從生活中落實或關心的方法，讓世界公民不只是口號，而是一個能確實做好做滿的目標。

「亞洲篇」、「歐非洲篇」及「美洲大洋洲篇」各安排了不同的國際議題，在「美洲大洋洲篇」中，我們要和小朋友討論與生活相關的「奧林匹克運動會」、「公平貿易」及「恐怖組織」等議題。

原訂 2020 年舉辦的東京奧運會，因新型冠狀病毒疫情，延至 2021 年 7 月舉辦，為奧運準備多年的各國選手，無法在 2020 年同台競技，令人相當難過，這也是史上頭一次的奧運延期，這次事件突顯了疫情蔓延的可怕，但也提醒了我們，世界是生命共同體，必須共

同承擔面對許多問題。

除了疫情威脅人類性命外，由恐怖組織策劃的攻擊行動，也造成許多無辜者傷亡，不少人因此惶惶不安度日，為什麼會有恐怖組織？他們的目的是什麼？有解決方法嗎？也許，彼此的體諒、包容及愛，才能化解危機。

當世界已成地球村，我們享受豐沛資源同時，也該讓辛苦工作的人能獲得好的報酬，但事實並非如此，經過層層傳送，不少生產者仍然處於弱勢，因此有了「公平貿易咖啡」、「公平貿易商品」的產生，希望經由更公平正義的方式，讓辛苦工作者能獲得合理的酬勞。

行萬里路讓我們欣賞不同國家的風情，認識不同族群的文化及生活，如何讓世界繼續美好，是每位世界公民的責任，現在，就請大小朋友跟著小茱姐姐一起環遊世界，發揮我們的力量，讓世界越來越精采唷！

目　錄

加拿大 自然景觀 之旅　8
太陽劇團創辦人｜蓋‧拉里貝提

美國 世界第一 之旅　18
汽車之父｜亨利‧福特

墨西哥 古文明 之旅　28
女性畫家｜芙烈達‧卡蘿

瓜地馬拉 文化遺產 之旅　38
原住民運動家｜莉戈貝塔‧曼楚

#世界級的運動比賽──奧林匹克運動會　48

古巴 紅色共產國家特色 之旅　50
革命家｜切‧格瓦拉

委內瑞拉 石油國家 之旅　60
音樂社會運動家｜何塞‧安東尼奧‧艾伯魯

巴西 森巴嘉年華 之旅　70
環保市長｜傑米‧雷勒

秘魯 古文明遺跡 之旅　80
文學家｜馬里奧‧巴爾加斯‧尤薩

為什麼會有恐怖組織？　90

巴拉圭 特色城市 之旅　92
再生樂團創辦人｜查維茲

烏拉圭 綠色國度 之旅　102
總統｜穆希卡

阿根廷 最美的城市 之旅　112
第一夫人｜伊娃・裴隆

紐西蘭 自然地理課 之旅　122
電影導演｜彼得・傑克森

澳洲 動物天堂 之旅　132
勵志布道家｜力克・胡哲

為什麼鼓勵購買公平貿易商品？　142

加ㄐㄧㄚ拿ㄋㄚ大ㄉㄚ Canada

國土面積第二大，
楓葉美景人人誇，
生活品質頂呱呱，
世界移民築新家。

蓋·拉里貝提

「世界這麼大,我想去看看各式各樣精采的演出。」

加拿大出生的蓋·拉里貝提,從小是個多才多藝的孩子,14 歲時,他背著手風琴在大街上表演,也欣賞別人的演出。

18 歲時,拉里貝提帶著 400 美元,開始獨自一人在世界各地旅行,拓展視野。各個城市風格迥異的表演,不只讓拉里貝提大開眼界,同時,也讓他開始深思到底什麼樣的表演才能受到觀眾的喜愛?因為,他發現有人能獲得臺下如雷的掌聲,卻也有人盡力演出,但觀眾人數卻寥寥可數。

「人們到底喜歡什麼樣的表演?是加入音樂、舞蹈,像馬戲團般華麗的表演嗎?」

旅行結束之後,拉里貝提在加拿大蒙特婁(又名蒙特利爾,Montreal)聖保羅灣成立了「聖保羅灣高蹺隊」,他和樂師、小丑們連袂登臺演出,他們的表演受到觀眾的肯定和歡迎,但拉里貝提並不因此滿足,他希望能讓更多人看到他的演出。

「『法國探險家雅克·卡蒂亞發現加拿大 450 週年紀念慶典』正在招募表演團體,想去試試看嗎?」
「當然,我想利用這個機會成立馬戲團,那可是我小時候的夢想。」

「卡蒂亞發現加拿大 450 週年紀念慶典」招募表演團體的消息,給了 25 歲的拉里貝提啟發,他決定成立一個不同於以往的馬戲團,也就是太陽劇團(Cirque du Soleil),取消動物表演,改將所有的費用投入故事創作和編舞,等劇本完成後,開始培訓能在任何情

況下演出的演員，豐富整體的視覺效果。

拉里貝提從創團初期，就注意每個小細節，從故事、音樂、場景到表演者，他所策劃的表演就像是部精采的電影，臺下觀眾的心情跟著故事情節而有所起伏和共鳴，拉里貝提的馬戲團在「卡蒂亞發現加拿大 450 週年」的活動中，有非常傑出的表現，吸引不少目光。

「若想繼續演出，必須考量演員的薪水和舞臺布置費用的問題。」「我們要讓演出獲得更高的收益，如此一來，才能繼續製作更多更好的節目。」

如何增加效益呢？1987 年，拉里貝提爭取到美國洛杉磯藝術節表演資格，演出非常成功，受到各界的讚賞；後來獲邀到美國拉斯維加斯表演，果然，太陽劇團融合故事情節的精湛演出，完全擄獲臺下觀眾的心，票房大爆滿，拉里貝提因此獲得了新作品的創作基金。

拉里貝提聘請了有名的編舞家及奧運金牌得主，超過 2000 名

的工作人員負責舞臺上華麗的服裝和道具，精心打造太陽劇團所推出的表演，從 1984 年開始，太陽劇團已推出 21 部作品，從創團時的 73 人，到現在已有 3500 多名的員工。

具有藝術性的表演，結合虛擬實境（Virtual Reality）的技術，讓太陽劇團曾獲得「艾美獎」的殊榮，直到今日，太陽劇團的表演仍深受全球各地觀眾的喜愛。

關於 蓋·拉里貝提
Guy Laliberte（1959 －）

身為太陽劇團的創始人蓋·拉里貝提說過，他的成功來自於天馬行空的創意與踏實的企業管理。熱愛旅行的他，2009 年搭乘俄羅斯聯邦航天署的「聯合號」（Soyuz）造訪外太空，藉此呼籲珍惜地球水資源，也成為第七位以私人身分造訪外太空的「太空觀光客」。目前太陽劇團常駐演出的地點有：美國拉斯維加斯、佛羅里達、紐約，以及墨西哥、日本、澳門等地，每年賣出約 1100 萬張門票。

快跟著 Super 導遊一起認識加拿大！

加拿大自然景觀 之旅

國家首都	渥太華
飛行時間	15 小時
當地時間	臺灣 −12 小時（夏天） 臺灣 −13 小時（冬天）
國土面積	臺灣 277.5 倍大
貨　　幣	加拿大元 CAD（ $ 或 C$ ）

渥太華

尼加拉瀑布

　　橫跨美、加兩國邊境的尼加拉瀑布（Niagara Falls）是世界七大奇景之一，與伊瓜蘇瀑布（Iguazu Falls，位於南美洲巴西與阿根廷交界處）、維多利亞瀑布（Victoria Falls，位於非洲南部尚比亞與辛巴威之間）並稱為世界三大跨國瀑布，每年有超過百萬的遊客前來造訪。尼加拉瀑布主要有兩個瀑布，分別是「美國瀑布」及「加拿大瀑布」，前者水量較小，後者占水量的94%，呈現馬蹄型，景色較為壯觀。

落磯山脈是天然的地理教室。

落磯山脈

　　落磯山脈（Rocky Mountains）是北美洲西部的主要山脈，從加拿大西部到美國西南部，總長超過 4800 公里，最高峰是艾爾伯特峰（Mount Elbert），高度 4400 公尺。因為板塊移動、冰河侵蝕加上風化作用，落磯山脈有各式各樣的地形及美麗景色，是非常受歡迎的旅遊景點，可以從事登山、釣魚、自行車、滑雪等活動。

　　落磯山脈設立多座國家公園，加大拿共有 6 座，美國 4 座。其中，傑士伯國家公園、班夫國家公園、冰河國家公園、優鶴國家公園、庫特內國家公園及渥特頓湖國家公園均位在加拿大境內的落磯山脈。

大自然壯麗的景觀是我們
最棒的老師！

國家公園特色之最

　　班夫國家公園（Banff National Park）成立於 1885 年，是加拿大第一個國家公園，也是落磯山脈中知名度最高的國家公園。其中「露易絲湖」（Lake Louise）是最著名的旅遊景點，冰川融雪夾帶石粉流入湖中，使得湖面呈現碧綠色，景色相當美麗。

　　面積最小的國家公園則是優鶴國家公園（Yoho National Park），雖然幅員不大，但自然景緻卻相當豐富多變，有冰原、冰河、湖泊、瀑布、8 字型隧道等，是天然的地理教室。

　　傑士伯國家公園（Jasper National Park）是落磯山脈國家公園中，占地最遼闊的國家公園，有冰原、高山、峽谷等多樣自然景觀，適合從事各種戶外活動，另外，也擁有多種野生動植物，也因為發現了化石，而被列為世界遺產。

湖面呈現碧綠色的露易絲湖。

布查特花園

　　位在溫哥華的布查特花園（The Butchart Gardens）是全世界前十大花園之一，布查特花園的前身是廢棄的石灰岩礦場，1904 年，珍妮·布查特才開始將此地經營成花園。布查特花園總共有 5 個主要園區，分別是下沉花園、玫瑰園、日本園、義大利園和日本園，其中以下沉花園最為有名。

　　下沉花園原本是個深 15 公尺的大礦坑，後來，依地形建造種植花卉，現在宛如祕密花園般，因此被命名為「下沉花園」，遊客可以從高處俯看整座花園，也可以走入祕境探索。2004 年，布查特花園被列為「加拿大國家歷史遺址」。

加拿大人熱愛冰上曲棍球

　　19 世紀時，冰上曲棍球運動（Ice Hockey）在加拿大誕生。因為許多人喜歡追求速度和刺激，所以，這項運動很快風靡全國，各地紛紛成立起冰球聯盟，而冰上曲棍球運動也成為加拿大的冬季國球。

　　加拿大無論男子或女子的國家冰上曲棍球隊，在冬季奧運會都有不錯的表現，男子隊曾拿下 9 次冰上曲棍球冠軍，女子隊也得過 4 次的奧運金牌。

國家公園林立讓加拿大的城市在最宜居的城市排行榜名列前茅。

最可愛的訪客——北極熊

　　邱吉爾鎮（Churchill）位在加拿大曼尼托巴省（Manitoba）北部，每年 9 月到 11 月，將近有 1000 隻左右的北極熊會造訪這座只有 800 位居民的小鎮，為什麼北極熊特別喜歡這個地方？這當然是有原因的。

　　每年 10 月，邱吉爾鎮附近的哈德遜灣因為緯度低，結冰時間早，吸引了大批飢腸轆轆的北極熊前來覓食，因此每年 10 月到 11 月，這裡看到北極熊的機率是百分之百呀！

　　北極熊有時為了覓食，會造訪小鎮的露天垃圾場或入侵民宅。面對這群不速之客，邱吉爾鎮居民特別開設了一座「北極熊監獄」，專關那些闖入鎮內的北極熊，等一段時間後，再將牠們麻醉，用直升機送到幾十公里以外的地方放生。

加拿大人的禁忌

　　蝦醬、魚露和臭豆腐這些氣味特殊的食物，絕對不會出現在加拿大的飲食清單裡，因為有怪味或腥味的食物，加拿大人都敬謝不敏，除此之外，他們也不吃動物的內臟和腳爪。

生活萬花筒 / 伴手禮

楓糖

　　全世界只有北美地區的楓樹能生產楓糖漿，加拿大魁北克省擁有廣大的楓樹林，它是全球 70% 楓糖漿的重要產地。

　　據說最早發現楓糖漿祕密的人是印第安人，加拿大的楓樹品種中，最有名的是「糖楓」，可熬製成香甜的楓糖漿，加拿大的化學家更發現在楓樹的汁液中，含有可禦寒的天然合成物，可以幫助人類提升免疫力，楓糖漿是加拿大人相當普遍的食物。

鮭魚

　　鮭魚，又名三文魚，加拿大的鮭魚有人工養殖及野生獵捕兩種。許多人來到加拿大觀光旅遊，會選購鮭魚的相關產品當伴手禮，而每年鮭魚洄游的景象及地點，也成了有名的觀光路線。

花旗蔘

　　花旗蔘又名西洋蔘，加拿大的甘露市（Kamloops）因陽光普照，日照時間長，非常適合栽種花旗蔘，隨處可見花旗蔘種植場和加工廠，加拿大的西洋蔘產量是全球第一。

美ㄇㄟˇ國ㄍㄨㄛˊ America

自由創新的國度，
世界種族大熔爐，
運動娛樂我最酷，
築夢天堂新大陸。

亨利·福特

亨利·福特，從小喜愛機械，常常動手嘗試。有一天，父親帶著亨利前往底特律（Detroit），途中他們看到了一輛蒸汽引擎車，引起了亨利強烈的好奇心。

「這輛車到底是怎麼發動的？」
「靠的是『蒸汽』。」
「有一天，我也要製造出一輛自動車。」

亨利目不轉睛地看著蒸汽引擎車，暗自在心裡許了個願望。

17 歲時，亨利打算離開農場，到底特律學習機械相關知識，但父親卻堅決反對。在不得已情況下，他只好偷偷離家，然後進入機械工廠當學徒，為了支付昂貴的房租，亨利晚上還在住家附近的鐘錶店打工。

亨利每天工作時間超過十幾個小時，4 年後，他成為一位熟練的機械師。這時，他決定回到家鄉，除了幫忙農場的工作外，他也打算投入時間，認真研究蒸汽引擎。

「總有一天，我會親手設計一輛自動車。」

「自動車」的夢想，從未在亨利心中消失，結婚後亨利決定重新回到底特律學習研究，並在愛迪生電力公司工作。幾年後，亨利終於做出了第一輛不需要馬匹拉就能跑的車子。

「你做得很好，一定要再接再厲堅持下去！」

在發明家愛迪生的鼓勵下，亨利改良第一輛車子的缺點，持續研發。1899 年，第二輛車誕生了，性能更純熟，這為亨利帶來相當大的信心。

「我希望每個人都有車開。」

亨利希望讓車輛普及化，改善人們「行」的問題。1903 年，他和幾位企業主成立了福特公司，該如何讓車輛快速量產呢？亨利發明全世界第一條現代裝配生產線，這也是 20 世紀大規模生產的基礎，因為這條裝配的輸送帶，福特公司的汽車生產量，呈現倍數增長，除了設計裝配輸送帶外，亨利也改變了長久以來的工作形態。

「為了讓員工們能夠無後顧之憂的工作，我決定調高一倍的薪資，同時，將工作時間從 9 個小時調整為 8 個小時。」

這項措施，除了確保工作品質外，也讓工廠 24 小時不停工，在

產量大增情況下，車輛的價格不再那麼昂貴。人人都能擁有一輛車，不再是個夢想。

亨利‧福特是全世界聞名的汽車大王，他讓車輛普及化，人們方便移動，擴大生活圈，同時，也改變了社會形態及運輸方式，汽車現今已成為人們生活中不可或缺的重要物品。

關於 亨利‧福特 Henry Ford（1863 - 1947）

亨利‧福特對於汽車製造業的卓越貢獻，在於汽車可以標準化、規格化的大量生產，讓汽車成為大眾的交通工具。而他的經營管理方式，標準化的產品、大量生產、支付高薪、大量消費，被指稱為「福特主義」，對於工業社會的發展，提供論述的基礎。晚期，他支持希特勒及反猶的思想備受世人評擊，但他對於汽車業的發展，依然功不可沒。福特汽車至今已是超過 100 年的公司，與通用汽車、克萊斯勒汽車被認為是美國的三大汽車生產商，主導美國的汽車市場。

快跟著 Super 導遊
一起認識美國！

美國 世界第一 之旅

華盛頓•

國家首都	華盛頓
飛行時間	17 小時 45 分鐘
當地時間	臺灣 –13 小時
國土面積	臺灣 267.6 倍大
貨　　幣	美元 USD（$ 或 US$）

世界第一座國家公園——黃石國家公園

　　美國有 59 座國家公園，其中最受矚目的是 1872 年成立的黃石國家公園（Yellowstone National Park）。它位在美國中西部，是美國第一座、也是全世界第一座國家公園，1978 年被列入世界遺產。

　　黃石國家公園約有 1/4 個臺灣大（8991 平方公里），擁有河川、峽谷、瀑布、溫泉等多樣的地形地貌，以及豐富的地熱資源和珍貴的野生動植物生態。老忠實間歇泉（Old Faithful）是黃石國家公園第一個被命名的間歇泉，規律的噴泉時間，不少遊客趨之若鶩，而整座國家公園內有 300 座間歇泉，占全球總數量的 2/3。

黃石國家公園擁有非常豐富的自然資源，是必訪的景點。

觀賞間歇泉的自然景觀。

得天獨厚的自然環境，讓黃石國家公園成為野生動物的樂園，共有 60 多種哺乳動物、200 多種鳥類。其中美洲灰熊、野牛、大角鹿等珍貴動物也在此棲息。

黃石公園降雨量豐沛，所以林木生長能力很強，但由於森林過於茂密，乾旱、高溫、多風的情況下，易引起森林大火，過去一萬年間，黃石公園曾經歷約 300 次大火的洗禮。最近一次森林大火發生在 1988 年夏季。

美國地大物博，擁有豐富的自然與人文的景觀。

世界第一座主題樂園──迪士尼樂園

迪士尼樂園（Disneyland）是許多大小朋友心中的夢幻樂園，1955 年，第一座迪士尼樂園在美國洛杉磯開幕，也是世界上第一座現代主題公園。

米老鼠、唐老鴨等動畫明星，加上刺激好玩的遊樂設施及夢幻般的建築，第一座迪士尼樂園開幕後，短短半年時間就吸引了百萬名遊客，之後，陸續在美國佛羅里達州、法國巴黎、香港、日本東京及上海設立迪士尼樂園，目前全球共有 6 座。

世界第一座夢想工廠──好萊塢

位於加州的好萊塢（Hollywood），由於天氣好，日照時間長，再加上擁有不同的自然風光，因此，電影公司選擇在好萊塢落腳拍攝電影。1911 年，第一間電影工作室在此成立，也開啟好萊塢成為全球電影製片中心的序幕。

好萊塢是美國電影產業重鎮，不僅拍攝出許多名片，也造就不少星光閃閃的電影明星。其中，有名的星光大道（Hollywood Walk of Fame），更是不少遊客到好萊塢必定造訪的地點，星光大道上有 2000 多顆星形獎章，表彰對於娛樂產業有貢獻的人物，獲獎者的名字會被刻在粉色的星形內，然後嵌入深灰色的地磚。

世界第一個職業運動聯盟——職業棒球

　　美國是熱愛運動賽事的國家。1871 年成立的國家協會（National Association）是第一個職業棒球聯盟，但組織效益不彰，後來由 1876 年成立的國家聯盟（National League）接手，是世界上第一個職業賽事組織。1901 年，又有美國聯盟（American League）成立，兩者在 1903 年時共同成立了美國職棒大聯盟（MLB），維持營運迄今。

　　美國也是籃球運動的發源地，美國職籃（NBA）是世界上最早的職業籃球聯盟，前身是 1898 年成立的美國國家籃球聯盟（National Basketball League）。1949 年，國家籃球聯盟與 1946 年成立的全美籃球協會（BAA）合併，才組成了現在的美國職籃組織「國家籃球協會」，也就是大家簡稱的「NBA」。NBA 造就不少風靡全球的明星，從球員周邊商品、廣告到球賽轉播，都能創造令人咋舌的經濟效益。

　　除了美國職棒大聯盟及美國職籃外，美國還有國家美式足球聯盟（NFL）及國家冰球聯盟（NHL），熱愛運動的美國，精采運動賽事從年頭進行到年尾，令人目不暇給，也深受全球球迷們的關注。

身為世界強國之首的美國向以「世界警察」自居，扮演維護世界和平的角色。

自由女神像是美國的象徵。全名是「自由女神銅像國家紀念碑」，是法國共濟會送給美國獨立100週年時的禮物，聳立於紐約海港內自由島的哈德遜河口。

美國人重視隱私權

　　美國人相當重視隱私權，有些話題不宜公開討論，像他們忌諱談「年齡」及「體重」，還有詢問工作收入或個人的心事，這些問題都非常不恰當。

　　除了聊天話題要注意外，部分行為舉止也要小心，美國人不喜歡別人對著自己伸舌頭，他們會把這個動作視為汙辱人，另外，握手時，也要直視對方，若看著他處，那也是不禮貌的表現。

雞尾酒

　　1776 年，紐約州的艾姆斯佛德（Elmsford），有家利用雞尾羽毛當裝飾品的酒館。有一天，酒快賣完時，剛好有些軍官進門買酒，為了不得罪客人，女侍決定把剩下的酒全倒在一個大容器裡，順手拿了根雞尾羽毛把酒攪勻，沒想到，滋味居然出乎意料的好，「雞尾酒」（Cocktail）就此誕生了。

速食

　　美國是速食連鎖業的發源地，共有 50 多個不同品牌的速食店。其中，一般人最熟悉的應該就是「麥當勞」（McDonald），乾淨的用餐空間，快速、有效率的作業程序及便宜的價格，是麥當勞快速崛起的原因。目前全球已擁有 3 萬多家店，是世界上最大的速食連鎖店，漢堡、炸雞和薯條也成為大家熟悉的美式食品。

墨西哥 Mexico

中美面積是第一，
馬雅文明好神祕，
白銀王國製銀器，
主食玉米吃不膩。

芙烈達·卡蘿

　　芙烈達·卡蘿是 20 世紀最偉大的女性藝術家之一，她一生歷經許多苦難，但她對生活仍然充滿熱情，同時，將滿腔的情感展現於她的畫作中。

「芙烈達，多運動才能讓你萎縮的右腳，再強壯起來。」

　　6 歲時，芙烈達·卡蘿罹患小兒麻痺症，造成她的雙腳一高一低，雖然如此，她心中從未出現自卑和害怕，沒想到，18 歲那年，芙烈達·卡蘿又經歷了一場改變人生的車禍。

　　這場車禍讓芙烈達·卡蘿全身上下無一處完整。在這段休養期間，她躺在床上一動也不動，只能望著天花板。

「我一定還能做些什麼吧？……對了，我可以畫畫！」

　　芙烈達·卡蘿向畫家父親借了油畫顏料及畫筆，並請母親為她訂製特殊的畫架，讓她能躺著作畫。

「母親，請你幫我在床頂掛上一面鏡子。」
「你要做什麼？」
「我要把自己當成模特兒，開始提筆繪畫。」

　　那場車禍帶給芙烈達·卡蘿身體和心靈上，相當嚴重的創傷，但她並未放棄或逃避，也開啟了繪畫人生。1938 年，芙烈達·卡蘿受邀到紐約舉行第一次的個人繪畫展，之後又到巴黎，她的作品〈框架〉還成為羅浮宮「首度」收購 20 世紀墨西哥藝術家的畫作。

從巴黎回到墨西哥後，芙烈達・卡蘿和丈夫狄亞哥（Diego Rivera）離婚，離婚後，芙烈達用創作療癒離婚的傷痛。1940 年，兩人再度結婚，過著相互扶持及鼓勵的生活。

芙烈達・卡蘿的身體情況越來越糟，之後，在醫院住了快一年，動了 7 次手術。雖然，身體的不適讓她非常痛苦，但仍努力作畫。1953 年春天，朋友們向狄亞哥提議，要為芙烈達・卡蘿在墨西哥舉辦個人畫展。

「芙烈達的身體情況越來越糟，若能在墨西哥辦畫展，應該能讓她忘卻身體的病痛。」

狄亞哥答應了，芙烈達・卡蘿對於能在故鄉舉辦畫展十分開心，但醫生卻不允許。

「芙烈達小姐，你的身體情況是無法出席開幕活動的。」
「不！不管如何，我都堅持出席。」

畫展開幕當天，意志力堅強的芙烈達・卡蘿還是出席了，後來，她的身體健康持續惡化，1954 年因病過逝。芙烈達・卡蘿的一生，雖然磨難不斷、荊棘遍布，但她從不因被刺得滿身是傷，而害怕前進，對於生命，她總是熱情以對，用堅強的心克服困境。

關於 芙烈達・卡蘿 Frida Kahlo（1907 – 1954）

芙烈達・卡蘿是是墨西哥歷史上最富傳奇色彩的女性畫家。不受限於殘疾的身體，用畫筆敘述對於生命的看法。1926 年開始創作第一幅自畫像，至 1954 年 47 歲過世，共累積了 55 幅自畫像，自畫像中，濃厚的眉毛連成一體，搭配顏色豔麗的墨西哥傳統服飾，是每幅畫作中最明顯而獨特的風格。她也是第一位作品被法國羅浮宮收藏的拉丁美洲畫家。她的生命故事也被改編成電影《揮灑烈愛》，由知名墨西哥女演員莎瑪・海耶克（Salma Hayek）主演。

快跟著 Super 導遊一起認識墨西哥！

墨西哥古文明 之旅

墨西哥城

國家首都	墨西哥城
飛行時間	17 小時 30 分鐘
當地時間	臺灣 − 14 小時
國土面積	臺灣 54.8 倍大
貨　　幣	披索 MXN（$ or Mex$）

阿茲特克文明——墨西哥城

　　15 世紀時，阿茲特克人（Aztecs）來到了墨西哥中部，建立起阿茲特克帝國，由於承襲了奧爾梅克（Olmec）人的曆法，因此擁有精確的曆法系統。另外，阿茲特克人的農作灌溉技術、建築技法也相當精湛，還利用填湖的方法，使得首都提諾契特蘭（Tenochtitlan）不斷擴大，到了 16 世紀時，提諾契特蘭已經是一座擁有 6 萬名人口的城市，阿茲特克文明也成為墨西哥重要的古文明。

　　因阿茲特克人十分好戰，不停向外擴張，成為當時中美洲最強大的國

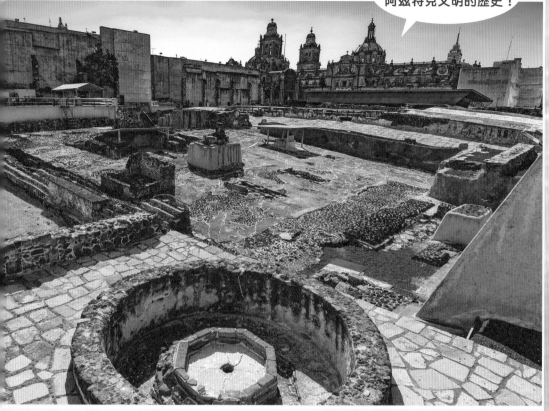

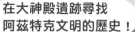

在大神殿遺跡尋找
阿茲特克文明的歷史！

家，16 世紀時，阿茲特克帝國被西班牙征服，首都提諾契特蘭遭夷為平地，西班牙人重新建立起新的城市，也就是今日的墨西哥城（Mexico）。

　　墨西哥城海拔超過 2 千公尺，是全世界海拔最高的首都，是拉丁美洲擁有最多人口的都會區，憲法廣場、國家宮殿、首都大教堂等都是重要的旅遊景點，在大神殿遺跡（Templo Mayor），還能找到埋藏於地底的阿茲特克文明呢！

千年前就有灌溉技術，古文明智
慧真的不亞於今日的科技！

馬雅文化──奇琴伊察

　　阿茲特克帝國、印加帝國（Inca）及馬雅文明（Maya）並列為美洲三大古文明，不同於阿茲特克文明，馬雅文明並沒有擁有一個強大的帝國，它是分布於墨西哥、瓜地馬拉、宏都拉斯、薩爾瓦多及貝里斯的叢林文明。

　　馬雅文明在數學、藝術及文字等有相當高的成就，修建了許多不朽的建築，建造宏偉的金字塔，並且發明由 800 個象形文字構成的馬雅語，擁有馬雅曆法。當時，馬雅人已有太陽、金星、月球等天體行星運轉的知識。16 世紀時，馬雅文化遭到破壞殆盡，直到 19 世紀遺址被發現時，人們才知道馬雅文明過去的歷史。

　　想在墨西哥一探馬雅文明，就得到奇琴伊察（Chichen-Itza）的馬雅城邦遺址，是世界新七大奇觀之一，目前仍保有神廟、宮殿等石頭建築，其中最為有名的就是為羽蛇神興建的金字塔，整座金字塔坐落在奇琴伊察中央，精通曆法的馬雅人，精心設計金字塔的階梯及太陽照射角度，讓生活智慧融入於建築中。

千年古城——特奧帝瓦坎

　　距離墨西哥市東北方，有座建造於西元前 200 年的特奧帝瓦坎古城（Teotihuacan），14 世紀，當阿茲特克人發現時，已是荒廢幾百年的古城。特奧帝瓦坎的建築物中，最為有名的是月亮金字塔和太陽金字塔，宏偉的氣勢連好戰的阿茲特克人也為之震撼，正因如此，阿茲特克人也將特奧帝瓦坎命名為「眾神之城」，1987 年，特奧帝瓦坎古城及墨西哥城被列為世界文化遺產。

　　因擁有許多古文明及建築，墨西哥共擁有 27 項文化遺產，6 項自然遺產及 1 項混合遺產，數量排名全球第六，拉丁美洲第一位。

神祕的馬雅文化還有許多未解的謎題，可以好好研究呵！

墨西哥的「亡靈節」

　　每年 11 月 1 日至 2 日的「亡靈節」是墨西哥相當重要的節目，2008 年，聯合國教科文組織還將亡靈節列入「人類非物質文化遺產代表名錄」中。

　　「亡靈節」（Día de Muertos）源自於阿茲特克文化，對於阿茲特克人來說，死亡只是生命的一個週期，他們不會悼念死者，他們深信死去的人會在亡靈節時暫時回到人間。因此，墨西哥的「亡靈節」，會以繽紛的色彩來表達對於生命的期待及對家人的愛。

　　一般人會在「亡靈節」時，在家中或墓園擺放祭壇，迎接亡靈回到人間，擺滿水、各式食物、家人照片和蠟燭，讓長途跋涉的亡靈可充飢解渴。另外，萬壽菊、紙雕及骷髏頭女都是亡靈節常會看到的象徵，「亡靈節」期間，街上從早到晚都是人，就像是場盛大的歡樂宴會。

「亡靈節」類似西方的「萬聖節」，可以做鬼怪的裝扮慶祝。

玉米

　　玉米是墨西哥人的主食，他們會把玉米烤成薄薄的玉米餅，同時變化出許多不同的吃法，像在玉米餅上夾上肉類，再加上洋蔥、辣椒，再塗上調味料，除了玉米餅夾配料外，把玉米餅炸成香脆的玉米脆片，再加上莎莎醬，也是墨西哥人喜愛的吃法。

巧克力

　　早在 400 年前，人們發現了可可豆，阿茲特克王朝的帝王孟特儒（Montezuma）喜愛將可可豆磨成粉末沖泡後飲用，16 世紀時，西班牙探險家柯特茲（Hernando Cortez），發現可可豆的數量和金錢地位成正比時，決定將可可豆帶回西班牙，結果，西班牙國王飲用後，精神百倍，於是，下令將可可豆列為宮中食物。

　　17 世紀，西班牙小公主和法王路易十四成婚，可可豆流傳到歐洲其他的國家，後來人們為了攜帶方便，把液體的巧克力脫水濃縮成為固體狀，也就是我們今天看到的一塊塊巧克力。

瓜地馬拉
Guatemala

馬雅遺址真古老，
貧富問題好苦惱，
社會治安拉警報，
在地咖啡味道好。

莉戈貝塔·曼楚

　　瓜地馬拉約有60%的人是印第安人，也就是馬雅人後裔，莉戈貝塔·曼楚是其中之一。因家境貧苦，8歲開始，莉戈貝塔·曼楚就在白人農場裡工作，在雇主不友善的對待下，原住民賺取的薪資相當微薄，根本無法維持家計。

「唉……辛苦了老半天，生活還是一樣貧苦。」

　　原住民默默忍受不公平的對待，但沒想到，政府粗暴的行為卻越來越誇張，莉戈貝塔·曼楚的父親是位族長，深受村民愛戴，他帶領原住民爭取權利。

「曼楚家族遭受白人和西班牙裔的虐待和侮辱，為了生存下去，我們必須挺身抗爭。」

　　為了阻止原住民的反彈，政府採用了激烈的手段，不只屠殺示威民眾，還燒毀參加遊行的原住民村莊，在激烈的抗爭過程中，莉戈貝塔·曼楚失去了父親和哥哥，而母親因為曾經協助治療和照顧游擊隊，也被判處死刑。

「莉戈貝塔，快走吧！萬一被捉到的話，那你的命運就跟你的爸爸媽媽一樣。」
「可是……」
「別再猶豫了，總有一天，你能再回來的。」
「我會再回到家鄉的，我要為了爭取印第安人的人權而努力。」

　　莉戈貝塔逃亡到了墨西哥，她參與大規模示威遊行和集會，成立維護原住民權利的組織，她認為要對抗軍方的獨裁，就必須讓印第安

人接受教育，因此，她也教原住民西班牙語。

「除了讓印第安人覺醒，為自己的權利努力外，要如何讓更多人知道，我們面對的惡劣環境？」

後來，莉戈貝塔決定出書和製作影片，讓全世界知道瓜地馬拉，在過去三十幾年的時間，有 20 萬人失去了生命，超過 100 萬的原住民成為難民。莉戈貝塔的行動引起了極大的關注，當世界人權組織知道後，立刻要求瓜地馬拉政府停止迫害原住民。

莉戈貝塔‧曼楚因挺身而出爭取印第安人人權，獲得了「馬雅女王」的稱號。1992 年，還獲頒諾貝爾和平獎。

1996 年，瓜地馬拉終於簽署了和平條約。後來，莉戈貝塔以聯合國親善大使的身份奔走各地，努力為當時全球超過 2 億人口的原住民，捍衛其權益與特有文化。

「我要成為第一位女性原住民總統。」

2007 年，莉戈貝塔‧曼楚參加瓜地馬拉的總統競選，她是南美洲史上第一位女性原住民候選人，雖然後來沒有當選，但她的行為卻鼓舞了瓜地馬拉的女性參與政治的勇氣，也激起更多人起身為爭取原住民權益而努力。

關於 莉戈貝塔‧曼楚
Rigoberta Menchu（1959 – ）

莉戈貝塔‧曼楚雖然出身貧苦，在瓜地馬拉長達 36 年的內戰期間（1960-1996），莉戈貝塔非常關注原住民的處境，發現有大量的原住民被殺害，於是極力爭取原住民的權利，參與對抗當時的政府，一度流亡墨西哥；後由人類學家伊麗莎白‧布爾戈 (Elisabeth Burgos) 協助出版自傳《超越國界》，讓世人了解瓜地馬拉的現況與人民的處境；1992 年獲頒諾貝爾和平獎。莉戈貝塔‧曼楚是原住民運動家，成為瓜國人民的典範。

快跟著 Super 導遊一起認識瓜地馬拉！

瓜地馬拉文化遺產 之旅

瓜地馬拉市

國家首都	瓜地馬拉市		
飛行時間	9 時	**國土面積**	臺灣 3 倍大
當地時間	臺灣－14 小時	**貨　　幣**	格查爾 GTQ（Q）

世界自然與文化遺產——堤卡爾國家公園

　　被聯合國教科文組織宣布為人類自然與文化遺產的堤卡爾（Tikal）國家公園，包括了堤卡爾遺址及兩個生物保護區，有丘陵、沼澤、山地等豐富的地形，也有不少稀有的動植物，堤卡爾國家公園最受人矚目的是堤卡爾遺址，它是最大的馬雅古城之一。

　　堤卡爾遺址面積約 130 平方公里，有上百棟重要建築，現存的建築中有 6 座巨大的金字塔，包括世界面積最大的金字塔區域——埃爾米拉朵，最知名的堤卡爾金字塔，位於馬雅人居住的雅佩登平原的中心。6 座金字塔頂

堤卡爾國家公園中有最偉大的
馬雅文明古城的遺跡。

端各有一座神廟。最高
的一座金字塔從底部到
頂端高約 72 公尺，這
是美洲印第安人修築的
最高建築物。

雄偉的堤卡爾金字塔。

小朋友可以比較看看埃及金字塔跟南
美洲國家的金字塔有什麼不同呢？

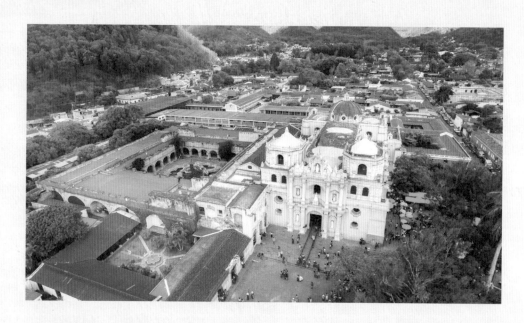

世界文化遺產——安提瓜

　　安提瓜（Antigua）是瓜地馬拉的古城，1543 年建城，曾是西班牙總督府的所在地，因此，四處可見到西班牙風格的建築，有棋盤形街道、巴洛克式教堂、市集廣場。1773 年，大地震後，安提瓜市遭受嚴重破壞，於是，將首都遷移瓜地馬拉市。安提瓜曾遭地震毀壞重建達 8 次，因此，城市內大都是平房或低矮的樓房。1979 年，安提瓜被宣布為世界人類文化遺產，成為重要的觀光旅遊景點之一。

安提瓜城四周山脈環繞，最著名的是南邊的水火山（Volcán de Agua）。

世界文化遺產——基里瓜

　　基里瓜（Quirigua）遺址位於伊薩巴爾省，馬雅文化發展後期的建築遺址，因基里瓜生產翡翠，當時發展相當繁榮，8 世紀時，開始興建大型建築，因此留下許多石碑，其中最高大的石碑有 12 公尺，石碑上大都記載特定的國王生平和當時重大的歷史事件。

瓜地馬拉治安拉警報

　　因貧富差距的問題，瓜地馬拉是中美洲治安最差的國家之一，為了讓人們保護自己，政府允許人民持有槍枝，而許多商家會聘請保全人員，連速食店也不例外，少數沒有聘請保全人員的店家，則會讓顧客隔著鐵窗購買商品。

世界遺產是聯合國教科文組織為保存並維護世界各地的文化智識遺產而設立，共分為自然、文化與複合等三大類。

瓜地馬拉「燒惡魔節」

　　瓜地馬拉在聖誕節前，有個重要的節日是「燒惡魔節」。「燒惡魔節」當天，人們為了淨化家園和擺脫惡魔，於是，會將家中所有的物品、垃圾堆積在大街上，然後，掛上由紅色、黑色紙紮的惡魔娃娃，點火燒個精光。除了燃燒東西外，燒惡魔節還會施放煙火、鞭炮，許多販售紙紮惡魔和鞭炮的攤販，甚至還會裝扮成惡魔的模樣走在大街上，增添節日的氣氛。

瓜地馬拉的街道上常可見鮮豔多彩的公車。

生活萬花筒／伴手禮

咖啡

　　瓜地馬拉擁有良好的地形、宜人的氣候，加上充滿礦物質成分的肥沃火山灰土壤，因此非常適合栽種咖啡。瓜地馬拉生產的咖啡世界有名，許多全球知名連鎖咖啡店的咖啡都來自於瓜地馬拉。其中，安提瓜咖啡更是其中的佼佼者，有機會的話，別忘了好好品嘗一番。

解憂娃娃

　　「解憂娃娃」（Worry Dolls）源自瓜地馬拉高地的馬雅部落，瓜地馬拉人深信解憂娃娃是黑夜的守護神，讓人可免於煩惱，一夜睡到天明。以棉布縫製的解憂娃娃大約 1 至 2 公分高，可分為女娃娃及男娃娃，各個均穿上傳統服飾，被放置於盒子或袋子內，現在，瓜地馬拉街區隨處可見解憂娃娃衍生的文創商品，也成為觀光客喜歡的手工藝品之一。

世界級的運動比賽
———奧林匹克運動會

　　不少運動員都將「參加奧運」視為選手生涯中最重要的目標，許多運動員也創下了令人驚豔的成績紀錄。綽號「飛魚」的美國游泳選手菲爾普斯（Michael Phelps）是史上獲得最多奧運獎牌的選手，他總共拿下了 28 面奧運獎牌，其中有 23 面是金牌，很驚人吧！

奧運怎麼來的？

　　每 4 年舉辦一次的「奧林匹克運動會」（Olympic），是全球最重要的運動賽事之一。奧運最早起源於古希臘，原來是各城邦之間的運動競技活動，為什麼會叫做奧林匹克？是因為活動舉行地點在奧林匹克的緣故。

　　從古希臘開始，奧運舉辦了超過一千年，直到 4、5 世紀時，教皇下令

禁止競技運動才停辦，直到 18 世紀末，過去辦奧運的遺跡被發現。後來，在法國顧拜旦男爵努力下，有了現代的奧林匹克運動會，從 1896 年開始每 4 年舉辦一次，直到現在。

如何能成為奧運的舉辦城市？

每座城市都以舉辦奧運為榮，但要如何才能申辦成功？在當屆奧運舉辦的前 8 年，想申辦奧運會的城市必須通過「初階篩選」、「實地考察」和「投票表決」三大關卡，經由各界人士組成的團隊針對城市願景、對奧運的理念及規劃、政治經濟發展、環境氣候、財政、住宿、交通等多面向進行評估報告，最後，國際奧委會委員舉辦祕密投票，必須過半票數的城市才能拿下主辦權。

奧運，除了是運動賽事外，也是大型的商業活動，舉辦奧運是不是一定能賺錢？這可不一定。像 2004 年雅典奧運，因為財政不夠透明健全，花了大筆錢在硬體設備的建築後，反而陷入財政危機。而 1984 年洛杉磯奧運及 1996 年亞特蘭大奧運，則是命運大不同，主辦城市利用大型賽事，販售門票及電視轉播權、命名權、周邊商品等方式，在控制成本及開拓財源情況下，舉辦奧運就獲得不少的盈餘。

小朋友，你可以怎麼做？

奧運雖然是競技活動，但也希望藉著每 4 年的機會，傳遞良善的精神，像是選手們堅持不懈的拚勁、運動家氣度、打破國界的隔閡、建立友好情誼等。大小朋友，當我們在運動場邊或電視機前，為選手們搖旗吶喊時，請別忘了，這場世界的大型運動賽事，不只是競技場合，更提醒著我們和平和友誼的重要唷。

古《ㄨˇ巴ㄚˊ
Cuba

社會主義總理狂，
教育醫療表現強，
配給排隊有方法，
紅色閃電實力棒。

切‧格瓦拉

切‧格瓦拉出生於阿根廷，因從小患有嚴重的哮喘病，為了使體格更強壯，他熱愛運動。1948 年，他進入布宜諾斯艾利斯大學學醫，1951 年，他為了與好友騎摩托車遊歷整個南美洲，而休學一年。

「醫師能幫助的人有限，只有改革才有機會。」

8 個月的摩托車旅遊，途經阿根廷、智利、秘魯、哥倫比亞與委內瑞拉等國，切‧格瓦拉看到拉丁美洲各國的困境，他認為社會的不平等是資本主義和帝國主義造成的結果，從那時開始，他的心中種下了社會革命的種子。

革命運動從瓜地馬拉開始，但因美國介入，所以，切‧格瓦拉遭到追殺，他只得逃亡到墨西哥，也因此認識了投身古巴革命運動而流亡的卡斯楚兄弟。

「切‧格瓦拉，你加入我們的行列吧，一起為古巴的未來努力！」

卡斯楚兄弟邀請切‧格瓦拉加入「七二六運動」游擊隊，前往古巴展開革命運動，憑藉著出色的戰鬥技巧，切‧格瓦拉成為卡斯楚得意助手。1959 年，革命軍成功占領哈瓦那，成立古巴新政府，切‧格瓦拉也成為古巴公民。

「你是個優秀的人才，新政府需要你的能力。」
「我會全力以赴的。」

切‧格瓦拉進入古巴新政府工

作，擔任國家銀行總裁、工業部長等重要職位，同時，他也在海外四處宣揚古巴的社會主義，後來，古巴遭到美國經濟封鎖後，格瓦拉與蘇聯簽定了貿易協定，引進了蘇聯核武彈道飛彈，這樣的行動，也引發了之後的古巴飛彈危機。

除了是革命家，切·格瓦拉也是位作家，他曾經寫過軍事理論書籍及《革命前夕的摩托車日記》。1965 年，切·格瓦拉因與政府高層意見相左，他辭去所有官職並放棄古巴公民身分，遠赴非洲剛果及玻利維亞，協助進行游擊隊訓練，進行革命。

「你不會後悔嗎？」
「我只知道世界上還有其他地區需要我。」

在玻利維亞進行活動時，切·格瓦拉遭到敵人開槍射殺身亡，當他的死訊傳回古巴時，卡斯楚宣告古巴全國哀悼三天。

直到今天，切·格瓦拉仍是許多歌曲、記錄片或電影的題材，《時代雜誌》還將切·格瓦拉選入二十世紀百大影響力人物，由於他對古巴革命有重大的貢獻，所以也有人稱切·格瓦拉為「古巴革命英雄」。

關於 切·格瓦拉 Che Guevara（1928 – 1967）

出生於阿根廷，參與了古巴的革命，最後命喪於玻利維亞，格瓦拉傳奇的一生，卻使他成為全球性的文化符號，他象徵著為了理想犧牲奮鬥的真英雄。攝影師阿爾貝托·科爾達（Alberto Korda）在一場為悼念在「拉庫布雷號爆炸事件」中的死難者的集會上，拍下格瓦拉的人像照，後名為「英勇的游擊隊員」，格瓦拉肖像成為全球流行性的商品圖像，被大量的複製、臨摹成各類商品，深受文藝青年們喜愛與珍藏。想要更了解格瓦拉，可以拜讀他的經典作品《革命前夕的摩托車日記》。

快跟著 Super 導遊一起認識古巴！

古巴 紅色共產國家特色 之旅

哈瓦那

國家首都	哈瓦那
飛行時間	33 小時
當地時間	臺灣－13 小時
國土面積	臺灣 3 倍大
貨　　幣	披索 Peso，有兩種流通貨幣： 觀光客使用 Convertible Pesos (CUC$) 在地人使用 Cuban Pesos (CUP$)

世界文化遺產——哈瓦那舊城區

　　哈瓦那（Havana）是西印度群島中最大的城市，有「加勒比海明珠」的稱號，分為舊城區、中央區及新城區三部分。舊城是早期西班牙移民定居的地方，因此處處充滿西班牙式的建築風格，有天主教大教堂、市政廳、哈瓦那大劇院、舊城廣場等，1982 年被列為世界文化遺產。

　　坐落於哈瓦那市中心的「兩個世界飯店」（Hotel Ambos Mundos），因為曾是海明威到古巴的住宿地點而聲名大噪，飯店牆上掛滿海明威的照片，是許多遊客會特地造訪的景點。

哈瓦那的革命廣場（La Plaza de la Revolución）
有切·格瓦拉的鑄鐵畫像以及他的名言「Hasta la
Victoria Siempre」（直到最後的勝利）。

舊城區。
西班牙風格強烈
的特色建築。

古巴是南美洲唯一的共
產國家，保有很多特色。

紅色政治──共產國家

1492 年，哥倫布發現了古巴，它是加勒比海上最大的島國，古巴曾是西班牙殖民地，直到 1902 年才獨立，後來，因不滿美國干預古巴內政，一群革命家在 1959 年成立革命政府，1976 年憲法通過古巴成為社會主義共和國，也是目前全球少數共產國家之一。

由於堅守共產路線，因此，古巴前總理卡斯楚打造完善的社會福利照顧制度，培養大量的醫療人才，提供高品質、免費的健保給人民，所以，古巴國民平均壽命 77 歲以上。另外，在教育方面，根據聯合國兒童基金會的數據，古巴青年與成人的識字率皆達到 100％，也是南美洲國家之冠。

古董車是古巴特有的街景之一。

紅色政治──古巴人生活用品靠配給

古巴實施社會主義，是世界上少數的共產國家。從 1962 年開始，人們的生活所需就依靠配給，每個古巴人每月利用配給簿購買低價的配給物品，像米、油、蛋、麵粉、鹽、糖等，至於其他的生活物品，則可以到市場或超市購買，不過，價格會高出許多。

由於古巴財政越來越困窘，所以，政府有意逐步廢除配給制度，先從減少配給品的種類做起，像 2012 年就取消了個人清潔衛生用品的配給。

古巴的速食店。
拒絕外來文化入侵，城市
依舊保有傳統風味。

古巴人排隊有技巧

　　由於物資少，購買者多，所以，排隊成了古巴生活的一大特色，古巴人排隊並非魚貫單一方向，而是一大堆人等在門口，或是好幾群人各自聚集聊天，那到底該怎麼排呢？後到的人必須先找到排隊隊伍的最後一個人，然後告知對方自己排在他的後面，簡單來說，古巴排隊以口頭編號為主，而非站的位置。

紅色閃電──古巴棒球

　　古巴是業餘棒球的強國，國內並沒有職棒賽事，但國家代表隊曾在奧運中拿下 3 面金牌、2 面銀牌，還有 25 次世界盃棒球賽冠軍及 11 次洲際盃冠軍，堅強的實力，令各國選手不敢小覷。

　　1864 年，在美國念書的吉優（Nemesio Guillo）將棒球帶回哈瓦那，從此，棒球運動在古巴生根，吉優被尊稱為「古巴棒球之父」。扎實的訓練加上先天體能條件的優勢，古巴棒球界人才輩出，在世界比賽中屢獲佳績，由於古巴國家代表隊的球衣是紅色，所以古巴隊有「紅色閃電」的稱號。

小朋友以後看棒球賽時可
以留意古巴隊的表現呵！

世界文學家海明威在古巴

　　《老人與海》是海明威獲得諾貝爾文學獎及普立茲獎的作品，而這部作品是海明威定居古巴時，以他的古巴朋友、當地小鎮為原型創作的。

　　雖然海明威是美國人，但他曾在哈瓦那居住了 22 年。1962 年，古巴政府將他曾居住過的瞭望山莊（Finga Vigía），改為海明威博物館，室內家具陳設保留原貌，現今收藏了 2 萬多件海明威生前的物品，包括了照片、影片、藏書等。

海明威在瞭望山莊寫下《老人與海》一書。書中的名言：「人可以被毀滅，但不能被打敗。」

生活萬花筒 / 伴手禮

雪茄

　　古巴各省都出產菸草，是傳統重要的經濟作物，因為環境及氣候合宜，所以，古巴的菸葉品質良好，生產的雪茄遠近馳名，「哈瓦那雪茄」更是其中的佼佼者，除了雪茄外，雪茄的相關產品，如雪茄盒、雪茄主題畫作等，也是遊客喜歡購買的伴手禮。

蘭姆酒

　　數百年前，古巴就是蘭姆酒（Rum）的生產中心，由於古巴盛產甘蔗，是世界的糖倉，因此當地人以甘蔗榨取的糖蜜發酵、蒸餾釀成「蘭姆酒」，雞尾酒調酒中，蘭姆酒常被拿來運用，除了調酒外，蘭姆酒也適合單純品嘗。

委內瑞拉

Venezuela

OIL

南美石油它最多，
天使瀑布氣勢闊，
棒球運動瘋全國，
美女如雲世界優。

何塞・安東尼奧・艾伯魯

何塞・安東尼奧・艾伯魯是位音樂教育家及社會改革運動者，當他看到委內瑞拉的首都有許多十幾歲的年輕孩子，因吸毒和犯罪而失去希望時，他相當的難過，他希望自己能做些什麼。

「也許我可以運用音樂的力量來改變他們。」

艾伯魯博士深信音樂一定能為孩子們打開另一個廣闊的世界。1975年，「El Sistema」計畫就在他的領導下展開了。他號召了幾位年輕音樂家，籌組交響樂團，創辦了一個以音樂為工具，促進社會文化改革進步的音樂教育系統，逐步實現他獨特的音樂教育計畫。

「音樂的力量會讓這群孩子們走上正確的道路。」

將住家的車庫做簡單的改裝，艾伯魯博士開始帶著那些在街頭遊蕩的青少年玩音樂，不少孩子都是第一次接觸到樂器，眼神中流露出新奇有趣，而許多人對於艾伯魯博士的作法卻搖頭擔憂，他們認為那些孩子們會偷竊昂貴的樂器拿去變賣，再拿錢去買毒品或槍枝。

「這種作法太冒險了！」
「那些樂器很快就會消失無蹤。」

面對許多人的質疑和擔心，艾伯魯博士卻絲毫不動搖，事實證明，他的想法是對的，也許孩子們拿到樂器時，曾萌生過不好的念頭，但他們並沒有付諸行動，接觸樂器、學習音樂後，音樂真的改變了他們的想法和生活。

1977 年，經由 El Sistema 教育系統所培養的樂團，在阿伯丁國

際青年音樂節大放異彩，艾伯魯博士的構想獲得了重視及認同，委內瑞拉政府也開始全力協助。1979年，「委內瑞拉國立青少年管弦樂團系統」基金會正式成立，擴大推動 El Sistema 音樂訓練。除了委內瑞拉外，艾伯魯博士也積極把音樂教育理念推展到其他的國家。

1993 年，艾伯魯博士獲得聯合國教科文組織頒發的「國際音樂獎」，還擔任親善大使，發展全球各地青少年管弦樂團與合唱團。

「並不是要把孩子們培養成專業的演奏家，而是希望透過音樂，孩子們能遠離毒品和犯罪，經由音樂學習關懷和合作。」

El Sistema 創立至今已 40 幾年，在委內瑞拉成立了超過百個的青年交響樂團及 300 多個音樂訓練中心，孩子們不再流連街頭，因為音樂，他們的人生燃起了一絲絲希望，El Sistema 系統音樂教育法也培育出了不少優秀的音樂人才，像洛杉磯交響樂團最年輕的指揮家杜達美。

「弱勢的孩子，最需要的援助不是

金錢或教育，而是歸屬感。」

艾伯魯博士希望全世界貧困無依的孩子，能因為音樂而改變他們的生活，進而達到社會和諧的目的。2007 年，委內瑞拉總統宣布將進一步推動音樂計劃，讓更多的學童接受音樂教育和樂器訓練，艾伯魯博士希望除了委內瑞拉外，全球其他地區的人們也能藉由音樂來淨化心靈，擁有更美好的生活。

關於 何塞・安東尼奧・艾伯魯 José Antonio Abreu （1939 ─ 2018）

艾伯魯博士是委內瑞拉的音樂社會運動家，他所創立的「El Sistema」音樂教育系統，至今已有超過 30 萬名貧窮兒童受惠；同時，推廣到美洲其他國家：美國的洛杉磯、波士頓、巴爾的摩等地，艾伯魯博士說：「弱勢的孩子，最需要的援助不是金錢或教育，而是歸屬感。」正由於艾伯魯博士的貢獻，讓委內瑞拉的學子擁有珍貴的音樂學習機會，孕育出許多優秀的音樂家，如美國洛杉磯愛樂的天才指揮家古斯塔夫・杜達美（Gustavo Dudamel）就是最具代表性的人物。

快跟著 Super 導遊一起認識委內瑞拉！

委內瑞拉 石油國家 之旅

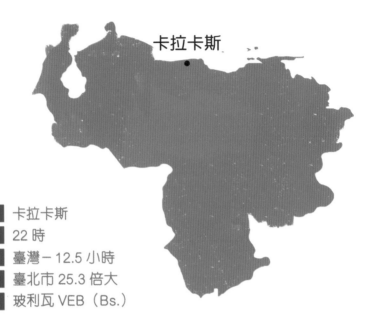

卡拉卡斯

國家首都	卡拉卡斯
飛行時間	22 時
當地時間	臺灣－12.5 小時
國土面積	臺北市 25.3 倍大
貨　　幣	玻利瓦 VEB（Bs.）

動畫電影《天外奇蹟》中的安赫爾瀑布

卡奈瑪國家公園（Canaima National Park）位在委內瑞拉的東南部，是全球第六大國家公園，羅賴馬山是國家公園的最高峰，是一座平頂的大型山峰，海拔 2800 多公尺，河水從平頂的山上流下，形成了許多瀑布，其中最有名的就是安赫爾瀑布（Salto Ángel）。

安赫爾瀑布又被稱為「天使瀑布」（Angel Falls），是世界上落差最大的瀑布，落差高達 979 公尺，它幾乎是尼加拉瀑布高度的 16 倍，瀑布分為兩層，第一層瀉下 807 公尺，落在一個岩上，然後再跌落 172 公尺。

天使瀑布是世界上
落差最大的瀑布。

　　天使瀑布隱藏於深山，直到 1937 年，有位名叫做安赫爾的狂熱淘金客，
從空中發現了一條近千公尺，從高山上凌空飛瀉而下的瀑布，從那之後，才
有人知道天使瀑布的存在。

　　委內瑞拉政府在安赫爾瀑布開闢了旅遊區，人們可以沿途觀看河兩岸的
原始森林，到叢林探險，訪問印第安部落。若想親眼體會天使瀑布的廣闊，
可搭飛機或船，因為此區域熱帶雨林很茂密，無法步行抵達，雨季時，河流
因為多雨變深時，才可乘船進入。

動畫《天外奇蹟》說的是回憶與夢想
的故事，小朋友有機會可以看看呵！

南美產油國的困境

　　委內瑞拉擁有全世界最大的原油儲量,是南美洲最重要的產油國,石油是國內重要的經濟命脈,**95%** 外匯收入是來自對外銷售石油,委瑞內拉曾經是南美洲最有前景的國家。

　　石油產業為委內瑞拉帶來了財富和成長,首都卡拉卡斯(Caracas)曾被封為「南美洲的巴黎」。但因近幾年石油價格暴跌,石油產量減少,再加上錯誤的經濟政策,委內瑞拉通貨膨脹問題嚴重,貨幣大幅貶值,所以數百萬人面臨糧食和藥品短缺的危機,社會治安也陷入混亂。

　　高通貨膨脹使得委內瑞拉犯罪率節節高升,在卡拉卡斯,綁架事件已被視為常態,因為不安全的生活環境,使得卡拉卡斯的市容也產生了變化,住宅被高牆包圍,家家戶戶裝上鐵窗,居民擁槍自保,市民們不敢單獨出門,夜晚時也大多待在家裡。

在首都卡拉卡斯中,有一片貧民窟,社會治安混亂。

糧食短缺的內政問題

　　近幾年，有不少人因為「飢餓」的問題逃離委內瑞拉，為什麼想三餐溫飽如此困難？這和政府的決策有關。

　　之前為解決國內糧食和生活用品問題，委內瑞拉政府以進口方式取代了自行耕種及生產，因為他們認為進口較划算，最後，導致無田地、無人耕種，無法自給自足的窘況。

　　因為進口的糧食和物資，價格高居不下，人民無法買到足夠的分量，等到國內局勢出現動盪、油價下降時，人們的工作及收入出現問題，三餐溫飽更是難上加難，不少人為了求生存，最後，只得逃離委內瑞拉。

石油是很重要的能源，其他重要的石油輸出國家，包括沙烏地阿拉伯、伊朗、伊拉克、科威特等。

環球小姐常勝軍

　　委內瑞拉的美女是環球選美比賽的常勝軍，拿下不少冠軍獎盃，為什麼委內瑞拉的女生都這麼美麗呢？這可都是付出努力得來的結果。

　　許多望女成鳳的父母，從小就把女兒送到美女培訓學校接受儀態、走路、臺風等專業訓練，甚至為了追求完美的形象，整型也是常見的事。在委內瑞拉，選美風氣非常興盛，稱得上是全民運動，因此造就了委內瑞拉有「美女國家」的稱號。

委內瑞拉有「美女國家」的稱號。

棒球選手以進軍美國職棒為目標

　　19 世紀時，一群留美的學生，把棒球運動帶回委內瑞拉，由於委內瑞拉深受美國文化的影響，所以棒球運動旋風很快席捲全國，深受全民歡迎。不少擁有精湛球技的棒球球員，以加入美國職棒做為生涯規劃目標，大聯盟已經有超過 300 位以上委內瑞拉籍球員，人數僅次於同樣是南美洲國家的多明尼加。

玉米餅

　　玉米餅（Arepa）是委內瑞拉人日常生活的美食，白玉米加上麥粉、粗糖、黃油、雞蛋就能製成玉米餅，玉米餅可放在煎鍋上烤或油炸，夾著奶酪、肉或蔬菜其他餡料食用，單吃也可以，這是委內瑞拉人早餐和晚餐經常食用的美食。

巴ㄅㄚˊ西ㄒㄧ
Brazil

南美狂歡嘉年華，
森巴足球世界棒，
咖啡產量傲四方，
熱帶雨林是寶藏。

傑米‧雷勒

「有朝一日，我要打造一個少汙染，少垃圾的環保城市，那才是人類該居住的地方。」

1965 年，傑米‧雷勒和建築院的同事為建造新都市的理念而努力。後來，傑米‧雷勒擔任了巴西東南方的庫里奇巴（Curitiba）城市規劃研究中心的所長，他積極想把庫里奇巴打造成環保城市，1971年，33 歲的雷勒成為庫里奇巴的市長，首先他面臨的就是水災的問題。

「如果以工程來防洪，那麼數千萬的經費該從那裡來呢？」

傑米‧雷勒決定將河岸規劃為長條型公園，以小型溝渠和堤岸圍成的湖泊做為公園的中心，解決水患的問題，另外，改變運輸系統，也是傑米‧雷勒認為打造環保城市不得不解決的問題。

「普及大眾運輸系統，不僅能減少油料的耗費，也能降低空氣汙染。」

不同於其他城市積極興建捷運系統，傑米‧雷勒規劃公車專用道路，讓公車更普及，並設計出與公車高度相當的管狀候車亭，方便民眾上下車，也改善購票及出入動線，增加公車班次。多管齊下的結果，庫里奇巴有四分之三的市民出門都選擇搭公車，隨著個人汽車使用量的減少，燃料消耗量也大幅減少，交通政策的成功，讓雷勒更有信心將庫里奇巴打造成環保之都。

「滿地的垃圾真讓人心煩。」
「不知道雷勒市長有沒有辦法解決？」

　　庫里奇巴市以「綠色交換機制」解決令人困擾的垃圾問題，市民用垃圾來交換食物，例如 30 公斤垃圾可換到 30 張兌換券，然後再換取公車票、食品、玩具等，如果是以回收利用物質來交換，則可換取更多的食品，而提供市民兌換的食物，來自政府購買生產過剩的農產品。「綠色交換機制」不僅解決垃圾問題，改善低收入戶的生活品質，同時也處理了農產品過剩的問題。

　　傑米・雷勒並無大筆經費可做城市改建，但他沒因此停下改變的腳步，雷勒在許多小處上著手，他把舊型公車改裝為行動圖書館或公車餐廳，將垃圾掩埋場，運用創意變成為一座美侖美奐的植物園，庫里奇巴的施政團隊將有限的資源，發揮最大的可能。

「在全球暖化的威脅下，人們可以藉由減少車輛使用、垃圾減量，住得離工作地點近的方式，來改善地球的環境。」

　　因為傑米・雷勒的努力，超過九成的市民認為庫里奇巴是全世界最宜居的城市，而便利的交通轉乘系統、生態永續的經營模式，也成為許多國家城市學習的對象。

關於 傑米・雷勒 Jaime Lerner （1937 − ）

　　傑米・雷勒當上庫里奇巴市長時才 31 歲，曾經花了 6 個月的時間巡訪民間，傾聽人民的需要，隨即以非常快速的時間重新規劃城市，讓庫里奇巴成為綠能與環保的城市。他說會用極快速的時間落實所有政策，主要是避免官僚心態拖延，造成政策反覆以及避免媒體輿論的干涉，果然成效斐然。2012 年，庫里奇巴獲得「全球綠色城市獎」（Global Green City Award），成為最令人嚮往與宜居的城市。

快跟著 Super 導遊一起認識巴西！

巴西 森巴嘉年華 之旅

巴西利亞

國家首都	巴西利亞
飛行時間	30 小時
當地時間	臺灣－11 小時
國土面積	臺灣 236.5 倍大
貨　　幣	巴西雷亞爾 BRL（R$）

巴西嘉年華

　　嘉年華（Carnival）是巴西民間最重要的節日，狂野的森巴舞、爭奇鬥豔的裝扮及森巴花車遊行，每年總是吸引上百萬遊客前來朝聖。

　　許多天主教徒會在「四月齋戒」前，舉辦飲酒狂歡的謝肉慶典，又稱為「嘉年華」，通常在每年 2 月中旬或下旬舉行，以化妝遊行和舞會方式進行。本來只是教徒們狂歡的活動，1928 年，里約熱內盧當地的舞者，成立了第一所森巴舞學校，帶動其他民間組織也成立學校，剛開始時，森巴舞學校競賽只是小型花車和簡單舞蹈，但展演至今，已經成為全球聞名的活動。

巴西嘉年華已經成為
國際重要的活動。

12 支來自不同森巴舞學校的
隊伍，花一整年時間，依據當年的
狂歡節主題，編排舞蹈、設計服裝、
製作花車，然後，在嘉年華的森巴
舞大賽中一較高低，除了爭取第一
名的高額獎金外，奪得冠軍也被視
為是極高的榮耀。

只要聽到森巴舞的音樂，
就會令人想要跳舞呵！

里約熱內盧──救世基督像

1931 年完成，高 38 公尺，站立於科科瓦多山（Corcovado），展開雙臂的「救世基督像」（Corcovado Christ the Redeemer）是里約熱內盧重要的地標，也是全球有名的紀念雕塑品之一，2007 年獲選為世界新七大奇蹟之一。

早在 1850 年時，有位天主教神父請求巴西帝國的公主籌募資金在科科瓦多山上建造一座雕像，但公主對於這個構想並不以為意，後來，巴西成為共和國後，這個構想被全盤否定，直到 1921 年，里約熱內盧大主教才重提「在山上建一個地標」的提議，主要的目的是為了向天主教徒募款。當時，基督雕像的設計要求有：代表基督的十字架、手持地球的耶穌基督像和象徵世界的基底，最後，法國知名雕塑家隆德夫斯基（Paul Landowski）設計出我們現在看到的「耶穌基督身著長袍、展開雙臂」的造型。

巴西人禁忌顏色

　　巴西人相當熱情友善，也很愛乾淨，他們不只早晚洗澡，連刷牙也一天最少三次。如果要送禮物給巴西朋友，千萬別送「紫色」服飾或物品，因為他們覺得紫色代表著絕望死亡，會帶來悲傷，以前曾有人從日本進口鐘錶銷售，因鐘錶盒上有紫色的飾帶，結果銷售量奇慘。

　　除了「紫色」外，「棕黃色」及「咖啡色」兩種顏色也不討喜，巴西人認為「棕黃色」如同枯黃的落葉，「咖啡色」缺乏朝氣活力，避免這些不受歡迎的顏色，才能送份好禮，巴西人收到禮物後，習慣當場打開，這可是很正常的呵！

國民運動──足球

　　19 世紀末，足球運動傳到巴西，有好長的一段時間，足球是巴西社會菁英階層才能享受的特權，雖然，平民也自組足球隊，但兩者絕對不會在同一場地比賽，直到 20 世紀，情況有所改變，足球成為真正的全民運動。

　　巴西足球隊在世界擁有驚人的實力，1930 到 2018 年的世界盃足球賽從未缺席，1958 年、1962 年、1970 年、1994 年及 2002 年更奪得冠軍，是名副其實的「足球王國」。

對於貧民窟的小朋友來說，只要會踢足球，就有可能改變一生！

文化大熔爐──薩爾瓦多市

　　1549 年葡萄牙統治巴西時，薩爾瓦多市（Salvador）是當時的首都，並做為運送黑人奴隸到巴西的中途站，因此薩爾瓦多市成為文化大熔爐，在服飾、音樂、舞蹈、藝術或建築上，展現了獨一無二的風貌。

　　薩爾瓦多市分為上城及下城，由一座高 72 公尺的古老升降梯連接，其中最有名的景點就是佩洛尼奧廣場（Pelourinho），這裡是薩爾瓦多市的老街區與歷史中心，1985 年被聯合國教科文組織列為世界文化遺產。在佩洛尼奧廣場能看到美洲最重要的 17、18 世紀殖民時代建築群，除了教堂和修道院，還有 800 多棟建於中世紀的歐式小樓，錯落有致，牆壁各漆上不同的顏色，成為極有特色的景觀。

色彩繽紛的佩洛尼奧廣場。

咖啡

巴西是咖啡生產大國，產量一度占全球高達 60%，目前約占 30%，雖然產量高，但品質卻評價不高，主要的原因是咖啡園栽種及採收方式不佳。近年，巴西也開始嘗試不同的咖啡處理法，提升咖啡的風味特色。

寶石

光彩奪目的寶石，常令人愛不釋手，巴西出產各類寶石，包括紫水晶、蛋白石、鑽石、翡翠、紅寶石等，是世界有名的寶石王國，巴西街頭隨處可見攤商兜售美麗寶石。但是，寶石真假及價差非常大，購買時要多小心。

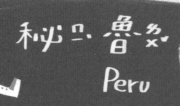

秘^{ㄇㄧˋ}魯^{ㄌㄨˇ}
Peru

海岸山脈和雨林，
印加帝國古文明，
神祕巨畫列奇蹟，
秘魯美食受歡迎。

馬里奧·巴爾加斯·尤薩

馬里奧·巴爾加斯·尤薩獲得 2010 年諾貝爾文學獎，是繼哥倫比亞作家馬奎斯（Gabriel García Márquez）、墨西哥詩人帕茲（Octavio Paz），第三位獲得此殊榮的中南美洲人。

尤薩出生於秘魯南部的阿雷基帕（Arequipa），童年和祖父母及母親住在玻利維亞，10 歲時才回到秘魯。後來他念了軍校，又在利馬與西班牙首都馬德里學習文學與法律，1959 年移居法國，擔任語文老師及電視臺記者。

「尤薩，最近怎麼都沒看到你？」

「我正在從事創作，我打算以過往的生活經驗為藍本，寫出好故事。」

中學時，尤薩曾嘗試劇本創作，記者工作之餘，他重拾創作的興趣。1963 年，他完成了長篇小說《城市與狗》，沒多久，書被翻譯成 20 多種文字在世界各地出版，這本書也被認為是拉丁美洲文學重要里程碑的小說之一。

尤薩和另一文學巨擘馬奎斯本來是好友，1976 年，兩人卻因觀念不同而大打出手，此後兩人不相往來。

「什麼？你要競選總統？」
「沒錯！我要帶領國家朝著有希望的未來前進。」

　　除了文學創作之外，尤薩還曾經從政，1980 年代後期，他擔任了新組政黨「自由民主陣營」的主席，1990 年，尤薩報名參選秘魯總統，結果敗給了前總統藤森（Alberto Fujimori），之後因不滿藤森政權越來越獨裁，加上對於政局的失望，1993 年，尤薩取得了西班牙國籍，這讓許多秘魯人相當不滿。

「他怎麼能背棄自己的國家？」
「幸好，當時我們沒讓他成為國家的總統。」

　　雖然沒當上秘魯總統，但尤薩仍然用他的筆，寫下他對於政局的觀察及感受，他的許多作品都以政治與拉丁美洲滄桑史為主，他的作品有著拉丁美洲特有的魔幻寫實風格。尤薩的作品曾被翻譯成多國語言，除了深受矚目外，也讓他獲得不少的獎項，像 1994 年西班牙語世界最高的文學獎「塞萬提斯獎」。

　　尤薩至今出版 30 多本小說、戲劇與論文，2010 年，74 歲的尤薩榮獲諾貝爾文學獎，他認為這是對拉丁美洲文學以及西語文學的肯定，也再一次讓世人關注到拉丁美洲的文學作品。

關於 馬里奧‧巴爾加斯‧尤薩
Mario Vargas Llosa
（1936 −）

　　擁有「結構寫實大師」稱號的作家尤薩，成名作品是 1962 年的《城市與狗》（La ciudad y los perros，中譯本，聯經出版），是根據自己少年時在軍校期間的親身經歷所撰寫的小說，「城市」是暗喻秘魯社會，「狗」指的是軍校的學生，批判當時的秘魯社會現況，一度被官方列為禁書，卻在國際文學獎大放異彩，奠定了尤薩的文學地位。

快跟著 Super 導遊
一起認識秘魯！

秘魯 古文明遺跡 之旅

國家首都	利馬
飛行時間	26 小時
當地時間	臺灣－13 小時
國土面積	臺灣 35.5 倍大
貨　幣	新索爾 PEN（S/.）

太陽神之子──印加帝國

　　15 世紀時，印加人以秘魯的庫斯科為首都，然後向南北擴展，建立了一個強大的印加帝國（Inca），印加人信奉太陽神，也自稱為太陽神之子，無論是首都庫斯科或馬丘比丘，印加帝國喜歡在高海拔地區建城，除了有戰略考量，易守難攻外，印加人也深信如此才能更靠近崇敬的太陽神。

　　16 世紀時，當時印加帝國的君主意外死亡，而引發了內戰，西班牙人趁勢攻擊取得勝利，淪為西班牙帝國的殖民地後，印加帝國宣告結束。

> 馬丘比丘古城遺跡中的每個建築
> 都是用石塊搭建的,鬼斧神工!

印加帝國遺跡——馬丘比丘

　　馬丘比丘(Machu Picchu)是印加帝國的古城廢墟,位在庫斯科市西北邊,1911 年才被美國學者發現,是海拔 2460 公尺的城市。1983 年,馬丘比丘古神廟被聯合國教科文組織列為世界遺產,是文化與自然雙重遺產。

　　馬丘比丘的遺蹟建築都是印加傳統風格,約有 140 個建築物,包括廟宇、避難所、公園等,每個建築物都是石塊搭建,砌成的牆面,規則且光滑,石塊與石塊間無任何縫隙,連一把小刀也插不進去,印加人是如何搬運巨大且大量的石塊,然後將石塊拼接在一塊,至今仍是個沒人能解開的謎題。

因為古文明遺跡,秘魯是非常值得探訪的神祕國度。

印加帝國遺跡──庫斯科城

**聖多明各修道院是
西班牙式的特色建築**

庫斯科古城（Cuzco）位於秘魯的安第斯山脈，是個高海拔的城市，曾經是印加帝國的首都，同時也是商業、農業和宗教的中心，16 世紀時由西班牙人統治，建造了些具有巴洛克風格的教堂，像聖多明各修道院。雖然 1950 年發生強烈地震，造成庫斯科遭受嚴重破壞，但屬於印加帝國時宮殿的花岡岩、紀念碑及太陽神殿都還保留著，1983 年被聯合國教科文組織列入世界文化遺產。

印加帝國遺跡──的的喀喀湖

的的喀喀湖（Lake Titicaca）位在秘魯及玻利維亞，是南美洲最大的淡水湖，有 8 千多平方公里，它也是世界上可以航行，緯度最高的湖泊，湖中有 51 個島嶼和蘆葦草鋪成的人工浮島，絕大多數都有人居住，而最大的島嶼──的的喀喀島保留著印加時代的神廟遺址。

納斯卡地畫

　　秘魯東南部的谷地，從高空俯瞰，會發現許多寬窄不一的溝槽所組成的巨大圖案，有蜂鳥、猴子、仙人掌、蜥蜴等動植物，被稱為世界第八奇蹟，考古學家認為這些地畫可能是在西元前 200 年至西元 600 年間納斯卡文明時所產生，因此，這些圖案也被稱為「納斯卡地畫」（Nazca Lines），1994 年，被聯合國教科文組織列入世界文化遺產。

秘魯人像中國人？

　　秘魯的人口中，印第安土著占約 45%，考古學家將在中國遺址發現的古人類化石，與美洲古人類的 DNA 進行了比對後發現，當今美洲土著人與中國人有著密切的血緣關係。

　　有專家推測，可能早在 1 萬年前，有部分中國人飄洋過海到秘魯生活，所以兩地居民的相貌或生活用語，才會有不少相同之處呵。

印加帝國的遺跡，有高度文明的展現，讓今日科學家都嘆為觀止。

秘魯人的生活習慣

　　秘魯人喜歡吃黃土豆、南瓜、黃椒等食物，你發現了嗎？這些食物都是黃色的。秘魯人以太陽的子孫自豪，他們認為黃色是太陽的顏色，能帶來幸運，所以，不只吃黃色食物，每到過年時，連商店販售商品都是一片黃澄澄，從黃色內衣褲、黃帽子到黃帽子等一應俱全。

　　除了穿上黃衣討吉利，秘魯人在除夕夜，還會全家人聚在一塊，等教堂零點鐘聲敲響時，開始吃葡萄，按照鐘聲節奏，一顆顆地吃，總共吃 12 顆，每一顆葡萄都有不同的含意，祈求來年平安順心。

世界飲食新風潮──秘魯料理

　　天然、健康是秘魯料理近幾年大受歡迎的主要原因，秘魯料理是融合了中國菜、阿拉伯菜及西班牙菜的食材，發展出來的新料理。

　　檸檬醃魚是秘魯人的國民料理，用鹽巴跟檸檬汁把新鮮魚片醃成半熟，再加上一些香料，就能端上桌了，其實，不只魚類，肉品也是直接用鹽巴醃熟，秘魯人認為不用火烹調就能保存食物原始的風味。烹調方式天然外，秘魯的農產品也相當豐富，因此使用了大量蔬果，像高纖維，含豐富維生素的主食──印第安麥，就常和蔬果一起拌炒，這也是秘魯人的家常料理。

生活萬花筒 / 伴手禮

秘魯人稱羊駝是「會走路的黃金」，是最賺錢的國寶動物！

羊駝毛

　　大家熟悉脖子長長，像綿羊的「草泥馬」，正式的名稱是羊駝，全世界有九成的羊駝生長在秘魯和智利的高海拔山區。因為羊駝毛輕薄、保暖，是許多知名品牌愛用的高級毛料，每隻羊駝一年可生產的毛是 3 至 5 公斤，秘魯每年的羊駝毛出口外匯，能賺 50 億台幣。

皮斯可酒

　　皮斯可酒（Pisco）是秘魯的國酒，它是由葡萄發酵蒸餾，酒精濃度高達 38% 以上的烈酒，其實，不只秘魯，智利也能喝到皮斯可酒，兩國曾經為了誰才是正統皮斯可酒的發源地而爭論不休。2013 年，歐盟裁定皮斯可酒的發源國是秘魯。

為什麼會有恐怖組織？

2001 年 9 月 11 日，恐怖分子劫持 4 架民航客機，劫機者故意讓兩架飛機分別衝撞紐約世界貿易中心雙塔，結果，造成飛機及建築物中許多人死亡，而兩座建築物在兩小時內倒塌，這就是震驚全世界的「911 事件」。事實上，恐怖攻擊從未停歇，不少國家和人民深受威脅。

世界有多少恐怖組織？

恐怖組織分散於世界各地，恐怖分子會利用各種極端的行為，強迫他人關注或接受自己的主張，目前各國政府及國際組織認定的恐怖組織超過上百個，像是伊拉克與黎凡特伊斯蘭國（ISIS）、哈瑪斯集團（Hamas）、塔利班（Taliban）、蓋達組織（Al-Qaeda）等。

為什麼要發動恐怖攻擊？

　　什麼是恐怖攻擊？不同於無差別殺人，或單一無預警的攻擊行動，恐怖攻擊必定有政治主張、經由嚴密組織發動，在攻擊活動前後，會事先預告或事後坦誠。1970 到 1980 年代，恐怖組織或恐怖攻擊層出不窮，共同的特色就是有強烈的政治主張。北愛爾蘭恐怖組織，鼓吹北愛爾蘭從大英帝國獨立；已解散的埃塔武裝組織（ETA），推動西班牙東北自治區巴斯克獨立建國，因為巴斯克地區使用的語言和文字都與西班牙不同；巴勒斯坦解放組織（PLO）常以暗殺、攻擊建築物等手段，希望達到獨立建國的目的。

　　目前，大小朋友較熟悉的恐怖組織 ISIS ，是全球最富有的恐怖組織，主張就是發動聖戰。西元 10 到 13 世紀，基督教的教宗教皇號召戰士，發動十字軍東征，奪回被回教徒占領的耶路撒冷，而現在回教徒也希望發動聖戰，對抗異教徒，奪回主導權，在伊拉克、敘利亞、約旦、黎巴嫩和巴勒斯坦建立伊斯蘭國。

小朋友，你可以怎麼做？

　　恐怖攻擊活動造成了不少人傷亡，用重刑是否能遏阻呢？全球反恐專家認為並不容易，只要歐美國家不停止對異教徒的壓迫，恐怖分子就很難消失，像美國下令刺殺伊朗革命自衛隊精銳聖城部隊指揮官，伊朗則對美國駐伊拉克的空軍基地進行火箭攻擊，不停向對方報復的行為，形成惡性循環很難終止。

　　搞清楚恐怖攻擊活動的來龍去脈，是大小朋友面對這類新聞時該有的態度，仇恨只會引發更多的仇恨，當我們願意了解、包容和原諒時，才有可能用愛化解彼此的紛爭。

巴拿拉拿圭
Paraguay

內陸國家河貫穿，
傳統編織手藝佳，
賓主盡歡瑪黛茶，
城市之母邦交國。

查維茲

巴拉圭首都郊區的卡特烏拉（Cateura）是個貧窮的小鎮，各城鎮的垃圾都丟棄在這個小鎮上，這裡的居民雖然很不願意從小生長的土地被垃圾所淹沒，但他們也無計可施。

「明明這些垃圾都不是我們所製造的，但為什麼我們必須要過著與垃圾為伍的生活呢？」
「唉……就算生氣，覺得不公平，又能怎麼辦？」

面對成堆的垃圾，居民們只能無奈接受，然後，眼睜睜地看著垃圾一點點侵蝕他們生活的環境。

落後的卡特烏拉，居民沒什麼機會能接觸樂器，對他們來說樂器比房子的價格還高，音樂是遙不可及的夢想，不過，當環保工程師查維茲來到這裡之後，事情開始有了改變。

「這裡的環境真是太糟了，孩子們的眼神裡根本沒有希望。」

查維茲認識許多靠撿拾破爛過日子的孩子們，他不忍心年紀輕輕的孩子失去青春和希望，所以，查維茲決定利用音樂幫忙他們重新站起來，脫離因為貧窮造成的酗酒、毒品及暴力的惡性循環。

「什麼？讓孩子們學音樂？小鎮上的居民連樂器都沒看過吧！」
「連樂器都沒看過，要怎麼學？更何況哪有那麼多的經費買樂器？」
「不用買樂器，我們可以利用這裡的垃圾製造樂器。」
「這可能嗎？」

查維茲曾看過鎮上資源回收人員把垃圾重組成樂器，這帶給他很好的靈感。於是，他打算利用垃圾製作出簡易的樂器，讓孩子們學習音樂。孩子們利用鐵桶做出音色優美的大提琴，把紙箱加上叉子成為一把克難的小提琴，幾位管弦樂團的音樂人教孩子們利用回收樂器上課，學習演奏樂曲。

「以前大家的生活就是撿垃圾，可是，現在不一樣了。」

孩子們接觸音樂後，深深被音符旋律所吸引，雖然，演奏的樂器很克難，但對他們來說，那些音樂和簡易旋律，就如同天籟般動人。由於孩子們認真努力的練習，他們的演奏品質比起專業樂團絲毫不遜色，邀請演出的信件如雪片般飛來，在全球的演出大受歡迎，同時，也讓更多人一起重視環保和貧窮的問題。

「再生交響樂團」（Recycled Orchestra）的故事感動了許多人，後來，有個製片團隊想把這個感人故事拍攝成紀錄片，於是把他們的想法貼上募資平臺網站籌款拍攝。

「雖然生活在髒亂中，但卡特烏拉的居民正在將垃圾化為美的事物。」
「我想透過這部影片，討論貧窮和廢棄物汙染的問題。」

巴拉圭「再生交響樂團」的故事，透過網路影片的傳送，打動了全球許多人，即使身處於惡劣的環境，只要有心改變，惡臭沖天的垃圾場，依舊能出現春天，演奏悠揚的樂音。

關於 查維茲 Favio Chávez（1975 － ）

查維茲到巴拉圭擔任環保工程師，因緣際會組成「再生交響樂團」，利用被棄置的垃圾組成樂器，例如把空油罐製成大提琴的骨架、把 X 光片當作鼓皮，同樣能夠演奏出管弦樂曲。後來被拍攝成紀錄片《掩埋場樂聲》，聲名大噪，同時也讓世人看見音樂的偉大力量。

快跟著 Super 導遊一起認識巴拉圭！

巴拉圭 特色城市 之旅

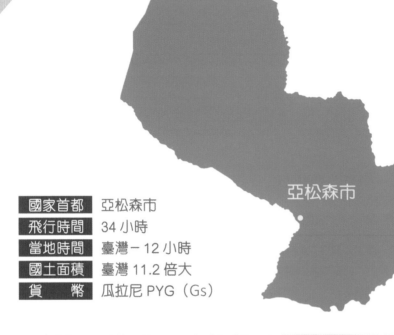

國家首都	亞松森市
飛行時間	34 小時
當地時間	臺灣 − 12 小時
國土面積	臺灣 11.2 倍大
貨　幣	瓜拉尼 PYG（Gs）

城市之母──亞松森市

　　亞松森市（Asunción）是南美洲歷史最悠久的城市，是巴拉圭重要的港口、文化中心，全國 1/4 人口都居住於此。亞松森市曾經是西班牙殖民時期的總督府，因此城市裡保存濃厚西班牙風格的教堂及建築物，興建於巴拉圭戰爭時期政府大廈，是棟具巴黎羅浮宮風格的建築物。

　　位於亞松森的「獨立之家博物館」是 1772 年西班牙人興建的建築物，1881 年，一群巴拉圭人從這個博物館走出來，宣布了巴拉圭的獨立，目前展出的都是獨立時期重要的文件；創立於百年前的亞松森大學是巴拉圭的最高學府，歷任總統、部長、有名的學者等，都是這所大學的畢業生。

首都亞松森有「森林與水之都」的美譽。

英雄祠。

1963 完成的英雄祠，位於最繁華的市中心，是棟橘頂白牆的列柱式建築，仿造法國巴黎「榮譽軍人院」的格局。除了政府大廈及英雄祠外，國會大廈、卡納西翁大教堂，也是亞松森市相當有特色的建築。

巴拉圭是臺灣在南美洲很重要的邦交國家！

邦誼深遠的臺灣好朋友

　　臺灣在拉丁美洲及加勒比海地區共有9個邦交國，其中，邦誼最深的就是巴拉圭。1957年兩國建交，至今超過60年，首都亞松森和臺北市是姐妹市。兩國合作關係友好，長期以來，在基礎建設、公共衛生、教育、農業、科技等領域合作密切。

　　以農立國的巴拉圭，牛隻飼養數量相當多，臺灣提供了先進的飼料生產與配方研發等技術，協助巴拉圭設置飼料工廠，將農業產值較低的玉米、黃豆，轉化為產值高的飼料，過去幾十年，臺灣以自身經驗，協助友邦改進技術，增加農業生產。

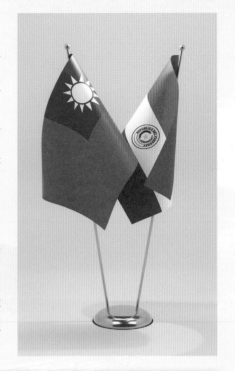

唯一無二的兩面圖案國旗

　　巴拉圭國旗是世界上唯一兩面都有圖案的國旗，正面中間是國徽五月之星，代表巴拉圭獨立日5月14日，而兩旁圍繞的棕櫚枝，象徵著脫離西班牙殖民統治的勝利，而背面的圖案為財政部印鑑，以黃色的獅子和以西班文書寫的「和平與正義」作為標誌。

原住民瓜拉尼語是官方語言之一

　　西班牙語及瓜拉尼語是巴拉圭的官方語言，瓜拉尼語是當地原住民的語言，巴拉圭也是美洲國家中，唯一將較少數人使用的原住民語列為官方語言的國家。

　　瓜拉尼族散居於巴拉圭、阿根廷、巴西與玻利維亞等地，人口數量不多，1992 年，巴拉圭經過教育改革，規定學校授課語言應包括瓜拉尼語與西班牙語，以保存瓜拉尼族的語言、生活習慣及文化等。

巴拉圭人不遵守交通規則

　　巴拉圭人開車並不遵守交通規則，在路上常可見到有人超速、不打方向燈或任意超車，十字路口也沒有紅綠燈裝置，所以在巴拉圭開車得多留心注意，小心駕駛。

慶祝新年──巴拉圭冷食節

　　每年的最後 5 天是巴拉圭冷食節，從官員到百姓都不能生火烹煮，只能吃冷食。冷食節的由來和一場戰爭有關，400 多年前，巴拉圭人為反抗西班牙殖民者侵略，雙方展開激烈的打鬥，由於敵軍勢力強大，距離新年 5 天時，巴拉圭己彈盡糧絕，但士兵卻不願意放棄，他們知道只要堅持到元旦，援軍就會趕到，士兵的決心，感動了全城市民，於是市民拿出鐵鍋當頭盔，拿出菜刀當武器，在大家同心協力下，終於阻擋了敵人的進攻。為了紀念這次戰鬥，巴拉圭就把元旦前 5 天定為冷食節，這也成為重要的傳統。

臺灣目前在中南美洲的邦交國還包括：
貝里斯、海地、尼加拉瓜、聖克里斯多福、
聖文森國、瓜地馬拉、宏都拉斯、聖露西亞。

亞松森特色藝術品——「讓奴地」

　　巴拉圭亞松森的博物館，珍藏著 17 世紀以來的民間藝術品和巴拉圭當地人民的土著藝術品，其中「讓奴地」（Nanduti）是最具特色的。「讓奴地」是五顏六色的絲線編織的美麗網狀織品，巴拉圭人家中的門簾、床鋪寢具全用「讓奴地」裝飾得整潔大方。

　　為什麼會有「讓奴地」呢？來自於一個美麗的傳說，有位青年與女子相愛，女子對青年說他得把蜘蛛網拿下來當作禮物，才會答應他的求婚，後來青年的母親剪下自己的頭髮，染成各種顏色，花了 3 個晚上織成網狀織品。女子被青年母親的智慧和愛所感動，答應嫁青年為妻，從那之後，「讓奴地」成為人們之間的信物，也是巴拉圭當地女子一定要學會的技術。

生活萬花筒 / 伴手禮

巴拉圭湯

　　巴拉圭湯是巴拉圭的傳統食物，它是全世界唯一的固體湯，據說巴拉圭第一任總統喜歡品嘗由牛奶、奶酪、雞蛋和玉米粉所烹煮的白湯，有一天，廚師不小心放錯玉米粉的比例，導致湯過於濃稠。後來，廚師把它放入土窯內烘烤，變成糕狀的餐點，就成為現在巴拉圭人常吃的「巴拉圭湯」（Sopa Paraguaya）。

瑪黛茶

　　巴拉圭人最愛喝且歷史悠久的飲品就是瑪黛茶（Mate tea），早在印加帝國時代，瑪黛茶就是南美洲人民在日常生活中常喝的茶，瑪黛茶含有豐富的維生素、礦物質、鐵質、鈣質、食物纖維等，所以有「液體沙拉」的稱號。

手工藝品

　　巴拉圭有不少的工藝品深受歡迎，像手工製作的吉他、銀製品、木製壺、皮革製品、蕾絲的製品、手帕等，這些手工藝品都是常見的禮品。

烏ㄨ拉ㄚ圭ㄍㄨ
Uruguay

南美瑞士民主國，
最窮總統志氣高，
風力發電是驕傲，
綠色國度讚不少。

穆希卡

「這下該怎麼辦才好？」
「農場破產沒了收入，接下來的日子，只能走一步算一步了。」

　　穆希卡全家人靠著父親經營的小農場為生，他5歲時，農場破產，父親過世，養家活口的責任全落在母親的身上。小小年紀的穆希卡常騎著腳踏車載著母親種的菊花，到市集販賣，雖然日子辛苦，但貧窮沒把穆希卡擊倒，困苦的生活讓他開始對政治及社會主義感到興趣。穆希卡就讀高中時，在社區認識了一名社會黨的黨員。

「政治不該是個人爭權奪利的工具，它應該為更多人謀取福利。」

　　在「社會黨」的支持下，穆希卡到了俄羅斯的莫斯科、中國和古巴，深入了解共產主義，回到烏拉圭後，穆希卡想在南美掀起一場政治改革，他離開「社會黨」，加入了「城市游擊隊」。

「城市游擊隊昨天又犯案了。」
「雖然有人不認同他們的行為，但我覺得他們很了不起，他們不但把搶銀行的錢分給窮人，還向毒販宣戰，是真正的英雄……。」
「有這種想法的人應該不少吧！聽說還有人稱『城市游擊隊』為羅賓漢呢！」

　　穆希卡在城市游擊隊待了將近10年，1970年，他在一次行動中身受重傷被捕，被關進牢中長達14年，直到1985年才特赦出獄，後來他和游擊隊的戰友成立了「人民參與運動黨」，開始參與選舉。

　　1995年，穆希卡當選國會眾議員，2005年，他被任命為畜農漁業部部長，2009年被推舉參選烏拉圭總統。

「真沒想到我居然會出來競選總統，要是我選上總統，簡直就像教豬吹口哨一樣困難。」

穆希卡並不認為自己會當選，但沒想到，最後他竟以最高票成為烏拉圭的總統。穆希卡和過往的總統當選人不同，他捨棄了豪華的總統官邸，選擇住在破舊的農舍裡。

「你身分已經不同了，怎麼還住在這裡？」
「人民選我是希望我能為他們做事，而不是讓我享福。」
「所以，你連薪水的九成都捐了出去？」
「嗯，我不需要這麼多的錢，把這些多餘的錢拿去當作社會住房計劃的資金不是更好嗎？」

有人稱穆希卡是世界上最窮的總統，但穆希卡可不這麼認為，他覺得拚命花錢滿足欲望的人，才是真正的窮人，穆希卡清廉簡樸的風格，贏得了巴拉圭人民的愛戴，他在國際間也擁有非常好的聲譽。

穆希卡擔任總統期間，推動各項政策，像放寬墮胎限制、同志婚姻、推動種植大麻和銷售合法化，與毒販對抗等，為烏拉圭贏得南美最民主國家的稱號，烏拉圭甚至曾被《經濟學人》雜誌選為「年度風雲國家」。

2015 年，穆希卡總統任期結束時，還擁有高達 65% 的民意支持度。雖然不當總統，但穆希卡說只要身體許可，他就不會退休，他依舊關心自己的家鄉，希望國家能朝著更進步之路邁進。

關於 穆希卡 Jose Mujica（1935 － ）

被稱為「全世界最窮總統」的穆希卡卸任後仍然擔任議員一職，2018 年宣布退休，依然婉拒高額的退休金，回到農場過簡樸的生活。他在擔任烏拉圭總統期間，推動了多項政策：墮胎、同性婚姻、大麻等都陸續合法化，使得烏拉圭成為南美洲最民主的國家，貧窮率從近 21% 大幅降低至 11.5%。穆希卡說過：「我不窮，那些欲望很多的人才是真正的貧窮，我有的已經足夠了。」至今，依然深受烏拉圭人民的愛戴。

快跟著 Super 導遊一起認識烏拉圭！

烏拉圭 綠色國度 之旅

蒙特維的亞

國家首都	蒙特維的亞
飛行時間	35 小時
當地時間	臺灣 − 11 小時
國土面積	臺灣 5 倍大
貨　　幣	披索 UYU（$U）

南美洲的富裕國家

　　烏拉圭是南美洲國土面積第二小的國家，地形以平原為主，景色風光秀麗，旅遊業相當發達，生產的羊毛、稻米、大豆、牛奶是出口大宗，而民主、清廉、新聞自由及人民經濟都是南美洲的佼佼者，因此，擁有「南美洲瑞士」的美譽。

　　蒙特維的亞（Montevideo）是烏拉圭的首都、最大的海港，全國半數以上的人口都居住於此，也是全國政治、經濟、交通和文化的中心。

獨立廣場是首都蒙特維的亞的地標，有獨立英雄阿蒂加斯（Artigas）的銅像與曾是南美洲最高建築的薩爾沃宮（Palacio Salvo）。

自由進步的國度

人口僅只有 340 萬的烏拉圭，近年有許多政策引起全球矚目，2013 年甚至被《經濟學人》雜誌選為「年度風雲國家」。

烏拉圭是全球第一個大麻合法化的國家，人們可以自由購買大麻，這項政策是前總統穆希卡提倡的，他認為新的大麻政策，可以打擊毒品犯罪，另外，烏拉圭是繼阿根廷之後，第二個同性婚姻合法化的南美國家，一連串開放的政策，讓烏拉圭名列世界最自由及進步的國家之一。

小朋友要記得大麻在臺灣是不合法的！千萬要遠離毒品的誘惑。

充滿歷史建築的城市──科洛尼亞

科洛尼亞（Colonia）位於烏拉圭西南部，隔著拉布拉他河口，與阿根廷的布宜諾斯艾利斯相望。1680 年，葡萄牙人來到這裡建城殖民，其後一百多年，葡萄牙及西班牙多次爭奪和占領此地。直到 1828 年，烏拉圭才取得科洛尼亞的主權，長達百餘年的殖民歷史，使得科洛尼亞的建築物，充滿濃濃的葡萄牙及西班牙風格。

1995 年，科洛尼亞被聯合國教科文組織列入世界文化遺產，科洛尼亞老城面積不大，步行就能抵達所有的景點，除了瞭望塔需要費用外，城內所有景點都能免費參觀，而每棟堪稱為歷史文物的建築，都值得花上時間細心駐足觀賞。

科洛尼亞有許多道路是歷史悠久的石板路。

節能減碳領頭羊

十幾年前，烏拉圭依賴石油、天然氣及水力等能源發電，如今，風力發電、生質能及太陽能成為電力來源大宗，其中風力發電已占全國總電量的 17%。

烏拉圭政府以良好的環境，吸引大量資金投入再生能源發展，投資金額是拉丁美洲平均值的 5 倍，也因此讓烏拉圭成為減碳國家，世界自然基金會更給予「綠能領袖」的美名。

烏拉圭人愛踢足球

烏拉圭人口數雖然只有 3 百多萬人，不敵巴西及阿根廷等足球大國，但卻曾得過兩次世界盃足球賽的冠軍，屢屢在世界大賽中創下不錯的成績。

足球是烏拉圭盛行的國民運動，從小學開始，有教練指導小朋友如何踢足球，國內 5 至 9 歲的兒童足球隊有上百支，隨孩子年齡增長，會有不同的訓練機制，資質較佳的孩子，會被送往職業俱樂部進行專業的訓練，成為日後職業選手。適齡適時的足球培訓制度，是烏拉圭足球能出類拔萃的重要關鍵。

愛護地球，如何讓臺灣也能成為環保的國度呢？小朋友可以想想。

世界上活動時間最長的狂歡節

　　每年1月底到3月初，烏拉圭在首都蒙特維的亞舉辦年度最盛大的活動「烏拉圭狂歡節」，這是全球活動時間最長的慶典。

　　2月中旬的大遊行和表演是活動的重頭戲，打扮華麗的女郎、各種風格的表演、把臉塗得花花綠綠的遊客，都是不能錯過的觀賞重點，觀眾可以坐在特定的區域免費看表演，若想要有較好的觀看視野，則需付費購買位置。

生活萬花筒 / 伴手禮

水晶

　　烏拉圭曾出產珍貴的水晶，但因為政治、經濟等因素，許多礦區都已封礦了。其中，最有名的就是紫水晶，顏色呈深藍紫，很罕見，因此價格非常昂貴。

牛肉

　　牛肉是烏拉圭重要的出口產業及民生食品，全國80% 土地飼養牛，生產的牛肉將近80% 出口。由於烏拉圭人愛吃牛肉，所以在烏拉圭的街頭，處處可見到林立的烤肉店。

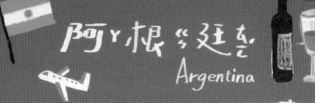

阿ㄚ根ㄣ廷ㄊㄧㄥ
Argentina

南美面積第二國，
國土狹長變化多，
草原瀑布真壯闊，
跳跳探戈真不錯。

伊娃・裴隆

　　伊娃・裴隆出生於阿根廷，家庭生活並不富裕，當演員是她的夢想，15 歲時，她隻身來到布宜諾斯艾利斯（Buenos Aires）尋找機會，為了完成夢想，她甚至住在劇場裡，一句臺詞反覆練習近百次。

「伊娃，你長久以來的努力終於有了回報。」

　　觀眾看到伊娃的努力，也喜歡她的表演，才幾年時間，伊娃成為家喻戶曉的女明星，之後，她與政治家胡安・裴隆相遇、相戀，當胡安・裴隆（Juan Domingo Perón）因為政治因素被逮捕時，伊娃想盡一切辦法營救他。

「我一定得做點什麼。」
「你要怎麼做？」
「不能只憑我的一己之力，必須靠群眾力量才行。」

　　伊娃四處演講，希望藉由眾人之力，營救胡安・裴隆。在她的努力下，10 天後胡安・裴隆無罪釋放。1945 年，兩人結婚；1946 年，胡安・裴隆出馬競選總統，伊娃在每週播出的廣播節目，號召窮人投票給胡安。

「我出身於窮困家庭，所以能體會大家的辛苦，只有團結，我們才有未來，胡安絕對能改善大家生活的困境。」

　　在伊娃的幫助下，裴隆順利成為阿根廷總統，當他專心從事政治改革時，伊娃則成立了伊娃・裴隆基金會，救助貧困的百姓。

「第一夫人真是位好人。」
「因為母親未婚生子，她從小遭受他人歧視，因此更願意付出心力，關懷別人。」

有一次，伊娃拜訪孤兒院，當她發現孩子們全部穿上制服時，她非常驚訝，立刻下令取消穿制服的規定。

「為什麼這些孩子穿著制服？」
「這是孤兒院的規定。」
「穿著制服，就像告訴人們這群孩子是孤兒，然後，讓他們再次遭受別人異樣的眼光嗎？」

因為伊娃的溫柔和善良，阿根廷人愛上這位親民的第一夫人，她除了為窮人發聲外，還為孤苦無依的勞工制定法律、提高工資，禁止雇主做出不當解僱的行為，這些作為讓伊娃成為當時阿根廷最有影響力的人物。

除了關心窮苦的民眾和勞工外，伊娃也積極提升女性的社會地位和參政權，她成立了婦女黨，展開各項活動，帶領女性對抗不合理的對待。

人民相當擁戴伊娃，但部分有錢人卻對她相當不滿，甚至還有人認為女性不應該擁有這麼高的身分地位。

「我不會畏懼那些批評，我要為國家和人民努力。」

面對強大的批評聲浪，伊娃不為所動，她仍然堅持自己的理念和作法。1952 年，伊娃卻因病過世，當時，她只有 33 歲。

伊娃的離世讓阿根廷民眾相當悲痛，不少人傷心落淚，她為弱勢族群所做的貢獻，永遠留在阿根廷人的心中，直到今日，她的墓園仍有不少人會前往悼念。

關於 伊娃・裴隆 Eva Perón （1919 – 1952）

伊娃・裴隆雖然是胡安・裴隆的第二任妻子，但由於她出身貧民，為弱勢發聲，替胡安建立了更多的政治聲量，而她也成為阿根廷最具影響力的女性，甚至於有「阿根廷國母」的美譽。她短暫而精采的生命故事，被音樂劇大師安德魯・洛伊・韋伯改編成音樂劇《艾薇塔》（Evita），造成迴響，後改編成電影《阿根廷，別為我哭泣》，由美國歌手瑪丹娜擔綱演出並演唱電影主題曲，都成為經典作品。伊娃・裴隆傳奇的人生故事，也不斷流傳於後世。

快跟著 Super 導遊一起認識阿根廷！

阿根廷最美的城市 之旅

布宜諾斯艾利斯

國家首都	布宜諾斯艾利斯
飛行時間	28 小時
當地時間	臺灣 -11 小時
國土面積	臺灣 76.8 倍大
貨　　幣	披索 Peso（ARS$）

最美城市——布宜諾斯艾利斯

　　阿根廷首都布宜諾斯艾利斯（Buenos Aires）是政治、經濟中心與文化之都。一年四季氣候宜人，2007 年被評為全球第三美的城市。西接物產豐饒的彭巴草原，東臨拉布拉他河，布宜諾斯艾利斯工業產值占全國的三分之二，大量肉類、乳製品、穀物、菸草、羊毛和皮革製品等，加工後直接從布宜諾斯艾利斯港出口，這裡是大西洋岸最繁忙的港口之一。

　　深受歐洲文化影響，城市景觀優美，有「南美巴黎」之稱。布宜諾斯艾利斯的藝術文化發展蓬勃，擁有許多世界級的博物館與歌劇院，哥倫布劇院（Teatro Colón）的舞臺音響效果極佳，是全世界最棒的五個表演場地之一。

「七月九日大道」
是布宜諾斯艾利斯主要幹道,
方尖碑是著名的地標。

除了是「探戈」的發源地,世界上最寬的馬路也在布宜諾斯艾利斯,「七月九日大道」(Avenida 9 de Julio,7 月 9 日是阿根廷的獨立日)是世界最寬的馬路,有 130 公尺寬,超過 16 道的車道,除非擁有驚人的腳程,否則想一口氣過完馬路,那可不是件容易的事。

首都大教堂是阿根廷歷史最古老也最大的教堂,南美傳奇英雄聖馬丁將軍安葬於此。

布宜諾斯艾利斯的原意是「清新的空氣」,地如其名,很有趣呵!

探戈舞蹈發源地

提到阿根廷，就不能不提聞名全世界的舞蹈「探戈」（Tango）。發源於阿根廷首都布宜諾斯艾利斯後巷的貧民窟，在浪漫歡笑中，帶著淡淡的哀愁和熱情。

19 世紀末，歐洲因受到戰爭和饑荒的影響，不少年輕移民到阿根廷首都布宜諾斯艾利斯打拚，由於身無分文，他們只得被迫寄居在髒亂的市郊，面對生活的艱苦，他們需要發洩的管道，當他們接觸到融合非洲、古巴和西班牙的阿根廷音樂舞蹈「米隆加」（Milonga）時，便把他們絕望、思鄉、希望和抱負的想法，藉由舞蹈展現，於是，就發展出了聞名世界的舞蹈——探戈。

後來，探戈熱潮由南美洲蔓延到紐約、倫敦及巴黎，現在，探戈更是學習國際標準舞的舞者必學的舞蹈之一。

新探戈音樂

探戈音樂原本只是附屬於舞蹈的音樂，但是阿根廷音樂家皮亞佐拉（Astor Piazzolla）卻開創出「新探戈」（Tango Nuevo）音樂。

受到波蘭鋼琴家魯賓斯坦（Arthur Rubinstein）的鼓勵，皮亞佐拉學習鋼琴和作曲，後來，他運用古典音樂的精神，以敘事曲、賦格曲等創作手法表現探戈音樂的內容，呈現出不同以往的探戈音樂。

新探戈音樂受到保守人士的反對，他們覺得皮亞佐拉破壞了他們的傳統，但沒想到，皮亞佐拉的音樂卻在歐洲與北美洲大受歡迎，之後，在社會自由派的支持下，阿根廷人才開始慢慢接受皮亞佐拉的新探戈音樂。

阿根廷馬球運動

馬球（Polo）是阿根廷的平民運動，全國有超過 3 千名優秀的馬球球員，遠遠超過其他國家，世界排名前 10 名的球員，有 9 位是阿根廷人。

選手、馬匹和球桿是馬球比賽中重要的關鍵，每場比賽 4 人上場，各有不同的任務，通常一場比賽要換 6 匹馬上陣才能維持競爭力，由於阿根廷擁有得天獨厚的自然環境，馬匹繁殖容易，所以也是馬球用馬的重要供給國。

阿根廷曾經多次獲得世界各大馬球公開賽的冠軍，而舉辦超過百年的阿根廷馬球公開賽，更是馬球迷每年必定朝聖的比賽。

對於南美洲民族來說，生活中不能缺少音樂與舞蹈呀！

全世界最美的書店之一 —— 雅典人書店

　　布宜諾斯艾利斯市有超過 **700** 間實體書店，書店普及率高於其他地方，每年出版上萬種書籍，素有「世界圖書之都」的美稱，而連鎖書店「雅典人書店」（El Ateneo Grand Splendid）更是全世界最美的書店之一。

　　雅典人書店在 1912 年創立，在阿根廷共有超過 30 間以上。其中，坐落於雷科萊塔區的書店，最引人矚目。書店的建築物原是座歌劇電影院，2000 年重新整修，內部保留了巴黎建築風格、穹頂壁畫、希臘柱子、精美雕刻……等雄偉壯觀外，還規劃了書架及閱讀書區，讓書迷享受唯美浪漫的閱讀時光。

布宜諾斯艾利斯的人均書店數高居全球之冠，阿根廷國家的總識字率達 98%。

葡萄酒

　　由於擁有充足日照和宜人氣候，阿根廷非常適合栽種葡萄。阿根廷門多薩（Mendoza）產區是南美洲最大的葡萄酒產區，因此阿根廷可以說是全球葡萄酒的生產和消費大國，馬爾貝克（Malbec）與白葡萄品種的特濃情（Torrontes）是最重要的品種。

生活萬花筒 / 伴手禮

這是阿根廷傳統烤牛肉的方式。

牛肉

　　「烤牛肉」是阿根廷人重要的飲食，平均每人一年能吃掉 50 公斤以上的牛肉，也是世界平均每人牛肉消耗量最高的國家。

瑪黛茶

　　阿根廷是全球瑪黛茶（Mate tea）產量及消費量最多的國家，朋友聚會或招待貴賓，瑪黛茶都是不可或缺的角色。阿根廷人將瑪黛茶葉放進小巧的瑪黛茶杯，然後倒入熱開水，再利用一根底部有過濾網的吸管來喝茶，在聚會場合中，在座的人會共用一根吸管分享現泡的瑪黛茶。

紐ㄋㄧㄡˇ西ㄒㄧ蘭ㄌㄢˊ
New Zealand

南島北島差異多，
知名食物奇異果，
戶外活動攜手做，
健康度日真快活。

彼得・傑克森

8 歲時，彼得・傑克森從父母親朋友的手中獲得一臺 8 厘米攝影機，在父親的協助下，他開始和朋友們拍攝一些短片，內容大都是以科幻、恐怖、戰爭為主。

「長大後，我要當電影導演。」

當彼得・傑克森看完電影《金剛》後，立志要成為一名導演，還嘗試用「定格動畫」技術翻拍《金剛》。12 歲時，他在賽璐珞片上打孔來製造槍械發火特效，拍了部名叫《二次世界大戰》的短片。15 歲時拍攝了一部 20 分鐘的科幻怪獸短片《山谷》（The Valley），還獲選在兒童電視節目中播放。

「彼得根本就是一個電影天才。」
「年紀輕輕居然能拍出這樣的片子，真是了不起。」

因為一連拍了幾部受矚目的短片或電影，年紀輕輕的彼得成為紐西蘭當地小有名氣的電影天才。

「我決定休學拍片。」

為了拍電影，彼得・傑克森 17 歲時決定休學。1983 年，他 22 歲時，在父親的資助下，花了 4 年拍了一部血腥、充滿噁心畫面的黑色喜劇片《壞品味》（Bad Taste）。1992 年，他拍攝紐西蘭電影史上的第一部殭屍電影《新空房禁地》（Braindead）。而 1994 年的懸疑犯罪片《夢幻天堂》（Heavenly Creatures）更讓他拿下威尼斯影展銀獅獎。彼得・傑克森勇於嘗試各類題材，精湛的運鏡拍攝手法，橫掃紐西蘭境內所有電影獎項，並一躍成為國際知名導演。

「彼得，你的努力沒有白費。」
「其實，我有件很想做的事，但還沒完成。」
「是什麼？」
「我想把小說《魔戒》拍成電影。」

《魔戒》（The Lord of the Rings）是奇幻小說的鼻祖，作者托爾金（J. R. R. Tolkien）在全世界擁有大批的書迷粉絲。當彼得·傑克森提出他的構想後，許多人並不看好，因為要把一部擁有眾多人物的小說，拍成不滿 2 小時的電影，是件高難度的事。

「這樣的故事，如果只能拍成 2 小時的電影，實在太可惜了。」
「你打算怎麼做？」
「為了忠於原著的故事情節，我想拍三部曲。」

彼得·傑克森向好幾家電影公司提案，但基於成本的考量，不少人希望他將三集內容濃縮為一集，他並不願意妥協，直到遇到意見相同的電影公司，才開始進行拍攝。經過 3 年的計劃和 3 年的拍攝，電影《魔戒》才和觀眾見面，《魔戒》三部曲以 3 年時間上映，每部曲的片長都達 3 小時以上，上映後獲得了熱烈的迴響。

除了票房大賣之外，《魔戒》也獲得了不少的獎項肯定，特別是《魔戒三部曲：王者再臨》，在奧斯卡頒獎典禮上共獲得 11 座獎項，《魔戒》的成功不僅在電影上，其他的產業也受到很大的影響，包括原著小說再次大賣，不少電影導演受到《魔戒》的啟發，也開始嘗試奇幻冒險影片。

由於《魔戒》全片都在紐西蘭取景，也帶動紐西蘭的觀光旅遊，因此，2002 年彼得·傑克森獲頒紐西蘭功績勳章，2010 年又因電影藝術的成就而被授予騎士爵位。電影史上，《魔戒》三部曲也擁有了難以超越、前衛且具有開創性的重要地位。

關於 彼得·傑克森
Peter Jackson（1961 – ）

從小就展露了拍電影的天分，為了實現自己對於魔幻世界的想像，拍攝奇幻史詩《魔戒》，奠定了他成為國際大導演的地位。近年，依然持續參與許多奇幻電影，例如翻拍他最愛的《金剛》、負責監製《丁丁歷險記》，最新作品是為 2018 年的《移動城市：致命引擎》編寫劇本，這些電影都受到廣大影迷們的喜歡。

快跟著 Super 導遊一起認識紐西蘭！

紐西蘭 自然地理課 之旅

國家首都	威靈頓
飛行時間	14 小時 5 分鐘
當地時間	臺灣＋4 小時
國土面積	臺灣 7.5 倍大
貨　　幣	紐西蘭元 NZD（$）

威靈頓

大自然地理教室

　　紐西蘭位於南太平洋，主要是由庫克海峽兩端的南島、北島及一些小島所組成。南、北島呈現不同的地形地貌，南島為冰河地形，隨處可見峽灣及冰蝕湖，北島以火山地形為主，擁有地熱、溫泉、螢火蟲洞等景觀，絕大多數的民眾，居住於北島，由於地形豐富，因此紐西蘭有「地形教室」的稱號。

位於紐西蘭北島的
哈比村（Hobbiton）
仍保留電影場景，
可購票入場呵！

北島的「懷托摩螢火蟲洞」
（Waitomo）是個有 3 億年歷史的
石灰岩洞，遊客必須搭船才能進
入，洞穴內有鐘乳石和石筍，洞穴
深處可看到數量眾多的美麗螢火
蟲，一閃一閃的亮光，彷彿進了夢
幻般的世界。

小朋友你有看過電影《魔戒》三部曲嗎？
看過電影再去紐西蘭會更有感覺哦！

戶外活動的天堂

　　紐西蘭有 13% 的陸地都設為國家公園，加上豐富的地形，紐西蘭人相當重視休閒活動，最喜歡從事的活動，包括了徒步旅行、騎自行車、騎馬、足球、游泳、滑獨木舟等。

　　紐西蘭是健行登山的勝地，步道規劃完善，大多是平易近人的初學者路線，遊客中心也會有解說員介紹各種的登山路線；獨木舟在紐西蘭是一項很普遍的活動，幾乎人人家裡都有一艘獨木舟，假日時，紐西蘭人會開車到住家附近的河邊探險。

　　除了一般人熟悉的運動外，新鮮刺激的運動在紐西蘭也大受歡迎，像「高空彈跳」就是從紐西蘭皇后鎮（Queens Town）開始的，因此不少觀光遊客會專程到紐西蘭來玩極限運動。

國家公園特色之最

因豐富的地形地貌，紐西蘭有 30% 的國土面積受保育，有 14 座國家公園，4 座位於北島，9 座於南島，1 座位於離島的斯圖爾特島上。

位於南島的峽灣國家公園（Fiordland National Park）成立於 1952 年，是紐西蘭最大的國家公園，因峽灣地形被聯合國教科文組織列為世界自然遺產。14 個峽灣中，知名的米佛峽灣及道哲佛峽灣開發較為完善。

同樣位於南島的亞伯塔斯曼國家公園（Abel Tasman National Park），是紐西蘭境內最小的國家公園，綿延數十公里的海岸線與步道，是一大特色，夏季時，海洋泛舟也是這裡熱門的活動之一。

成立於 1894 年的東格里羅國家公園（Tongariro National Park）坐落於北島，是紐西蘭第一座國家公園，境內有魯阿佩胡、諾魯赫伊山及東格里羅三大活火山，毛利部落長期居住於此，為避免遭受開發污染，因此，19 世紀時，毛利部落將這 3 座火山獻給政府，希望能藉此保護山林景色，東格里羅國家公園也是世界第一個，由原住民贈送給國家的國家公園。

米佛峽灣。

紐西蘭的多樣地形，是愛護地球資源最好的導師！

紐西蘭的原住民族──毛利人

　　毛利人（Maori）是紐西蘭的原住民，沒有自己的文字，直到
19 世紀，才以拉丁字母做為民族的語言文字，目前紐西蘭的毛利人
人口數約為 62 萬人。毛利人擅長雕刻和編織，
有階級制度，分別為貴族、庶民和奴隸。
從穿著、臉上的刺青可以分辨出階級的高
低，奴隸通常是戰爭中被擄的人。毛利
人在戰爭前，會跳名叫「哈卡」的戰舞，
好讓勇士宣戰或把敵人嚇跑、趕走。

紐西蘭人的生活態度

　　喜愛戶外活動的紐西蘭人，對於環境維護也不遺餘力。紐西蘭
70% 靠水力發電，雖然水資源充沛，但政府為避免民眾不珍惜濫用，
因此水費價格仍偏高。

　　為了增加經濟收入，紐西蘭政府曾計劃鑿山開通隧道推廣觀光，
或在國家公園內採礦跟天然氣，以降低能源支出，但這些破壞自然
環境的計劃，最後，
都被當地居民或國民
否決了，即使需要負
擔高電價或高油價，
紐西蘭人仍然堅持維
護自然的永續發展。

生活萬花筒 / 伴手禮

麥蘆卡蜂蜜

「麥蘆卡」（Manuka）是一種茶樹，其樹葉及樹皮是毛利人的天然草藥，可製作成感冒藥及消毒水。麥蘆卡蜂蜜（Manuka Honey）是蜜蜂從麥蘆卡花採了花蜜之後而釀成的蜜，有研究發現活性麥蘆卡蜂蜜具有醫療保健作用，紐西蘭人喜歡將蜂蜜塗在麵包上，或含在口裡慢慢吞嚥，麥蘆卡蜂蜜不只受到紐西蘭人的青睞，不少遊客也喜歡採買當成伴手禮！

奇異果

一提到奇異果，許多人會馬上連想到紐西蘭，其實奇異果原產自於中國，被稱為「獼猴桃」，1906 年才被引進紐西蘭。因奇異果在紐西蘭生長得非常好，1952 年，紐西蘭政府決定將奇異果推廣外銷到全世界，成功的行銷策略，也讓大家將奇異果和紐西蘭畫上等號。

紐西蘭有種特有的夜行性鳥類叫奇異鳥（Kiwi），外形和奇異果相似，另外，二次大戰時，紐西蘭的軍隊被稱為「Kiwis」，所以才決定將「獼猴桃」改名為「奇異果」（Kiwifruit）。

澳ㄠ洲ㄓ

Australia

大洋洲上羊毛國，
珊瑚礁群生態多，
特有動物樂生活，
防曬工作仔細做。

力克・胡哲

「我的孩子怎麼沒有手和腳？」
「不管他長成什麼模樣，都是我們的孩子。」

力克・胡哲的父母本來滿心期待新生兒誕生，但看到少了四肢的力克・胡哲，受到相當大的打擊，後來，他們藉由信仰克服了恐懼和擔憂。因為父母的愛和鼓勵，力克・胡哲從不覺得自己有何不同，直到上學時……。

「這次申請又失敗了！」
「為什麼我的孩子不能跟其他孩子一樣，進入一般小學就讀？」
「看來，我們要放棄了！」
「不！我要讓力克進入一般學校，和其他孩子正常相處。」

為了讓力克・胡哲進入主流教育體系就讀，他的母親積極爭取修法，鍥而不捨的努力下，終於如願以償。但上學第一天，力克・胡哲就感受到同學們異樣的眼光中，面對同學們不友善的態度，他決定努力證明，他在學習上不輸給任何人，於是，他用腳趾頭和嘴練習寫字，在學業上求表現。

雖然，力克・胡哲因表現優異獲選學生代表，但同學對他的態度卻沒什麼改善。同學的排擠和霸凌，讓他相當絕望，因此他試圖自殺，幸好被父母親及時發現搶救回來。

「你必須好好活下去！」

當力克・胡哲看到父母強忍著淚水，不放棄他時，他決心不再做

傻事，父母親的鼓舞，也讓他重拾對人生的希望，後來透過《聖經》，他明白自身的殘疾，是為了激發自己擁有更多的勇氣和使命。

「我要好好的活下去，我絕對能做得到！」

後來，力克・胡哲進入大學，主修會計和財務學，研讀課業外，他也開始挑戰別人認為他做不到的事，他學了游泳、打高爾夫球、釣魚和踢足球等體育運動，他的故事在同學間流傳，有個女孩被他的故事，深深打動。

「看到你對生活的熱情，讓我再度燃起了希望，謝謝你！」

那一瞬間，力克・胡哲發現原來自己可以帶給別人希望。於是，他決定四處去分享自己的生活態度，鼓舞對生命絕望的人，在親友的協助下，開始全國巡迴演講，許多人都被他的故事所感動。

「許多人因為我有了改變，所以，我要更加努力，鼓勵更多的人，讓他們的生活更美好！」

力克・胡哲還成立「沒有四肢的人生」慈善組織，藉由這個組織把「希望」傳達給全世界，同時，也舉辦了許多慈善活動，他總是告訴大家只要有信心和堅持的精神，任何事都會有成功的機會。

關於 力克・胡哲 Nick Vujicic（1982 – ）

天生沒有四肢，雖然從小在父母的關愛下努力的成長，但開始上學後受到許多同學的歧視與霸凌，一度想要放棄自己的生命，但他卻走出自己的人生道路，成為國際知名的布道家，四處分享自己的故事，激勵人心。他說：「站起來和倒在地上，哪個感覺比較好？你天生不是在地上打滾的，你要起身，一次一次又一次，直到全然釋放你的潛力。」關於他的故事，可以參考他的書籍《人生不設限：我那好得不像話的生命體驗》（方智出版）。

快跟著 Super 導遊一起認識澳洲！

澳洲 動物天堂 之旅

國家首都	坎培拉
飛行時間	9 小時
當地時間	臺灣＋2 小時
國土面積	臺灣 212.2 倍大
貨　　幣	澳元 AUD（$）

坎培拉 ●

雪梨──無尾熊動物園

澳洲有超過百種的有袋動物，其中人氣最旺的就是國寶無尾熊。無尾熊寶寶 7 個月大以前都住在媽媽的育嬰袋裡，一歲後才能獨立生活，無尾熊每天睡眠時間超過 18 小時。

雪梨有座無尾熊動物園，占地 10 英畝，園內隨處可見無尾熊最愛的食物──尤加利樹。無尾熊、袋熊和袋鼠都是動物園內的受歡迎的動物，另外，還有開放式的野生動物區，可供民眾近距離接近動物。

無尾熊是澳洲最具
代表性的動物了。

菲利浦島──神仙企鵝

　　全世界體型最小的神仙企鵝住在墨爾本（Melbourne）的菲利浦島（Phillip Island），身高大約 30 到 40 公分，全球數量並不多，只有澳洲墨爾本及紐西蘭保護區才能看得到。

　　神仙企鵝白天會到海裡覓食活動，天黑之後才上岸回家，以避免天敵鳥類的攻擊，因此每天太陽下山前，保護區都會擠滿等著看神仙企鵝回家的遊客。神仙企鵝長期在海裡活動，眼睛相當脆弱，所以保護區內全面「禁止攝影」，即使沒開閃光燈也不行！

臺北市立動物園也有無尾熊館，有
空可以去看看這些可愛的動物呵！

袋熊

袋鼠

昆士蘭——特有種動物的天堂

澳洲有許多獨特的動物，超過 80% 都是澳洲特有種，如無尾熊、袋鼠、袋熊、鴨嘴獸、笑翠鳥等，絕大多數珍奇的動物都棲息在昆士蘭。

昆士蘭的袋鼠數量占全澳洲 1/2 以上，袋鼠是天生的運動高手，擅長跳遠、游泳，紅袋鼠是袋鼠體型中最大的；袋熊是生活習性和無尾熊最相近的動物，穴居的袋熊很擅長挖地洞，母袋熊身上的育嬰袋開口朝向後方，小寶寶就不會被泥土弄髒。

針鼴

在清晨和黃昏大笑的笑翠鳥，有「叢林人家的時鐘」的綽號，類似人類大笑的叫聲，能令人精神為之一振；澳洲原有 2 種兔耳袋狸，其中小兔耳袋狸已絕跡，僅存的普通兔耳袋狸也瀕臨絕種，為了保育兔耳袋狸，澳洲政府還特別訂定「國家兔耳袋狸日」；鴨嘴獸是水陸兩棲動物，布滿毛茸茸的褐色短毛，爪上有蹼，在水中活動時，眼睛、耳朵，鼻孔會閉起來以免進水，只能靠嘴上感應器找食物。

無尾熊

短尾矮袋鼠

袋貛

鴯鶓

世界自然遺產——大堡礁

　　位於南太平洋的澳洲東北海岸的大堡礁（Great Barrier Reef），是世界上最大最長的珊瑚礁群，造就了豐富的生物多樣性，1981 年被列入世界自然遺產名錄，也曾被美國有線電視新聞網（CNN）選為世界七大自然奇觀。大堡礁是個相當熱門的觀光景點，特別是降靈群島及凱恩斯地區。觀光業是這裡重要的經濟活動，每年約有 10 億美元的產值。

海底世界裡的生態需要我們好好珍惜，大家都要當地球的環保志工才行。

澳洲人防曬做得好

　　澳洲是最接近南極臭氧層破洞的國家，每天強烈的紫外線透過破洞照射，使得澳洲成為全世界皮膚癌發生率最高的地區，每 6 萬 5 千人裡，就有一個人罹患皮膚癌，所以，在澳洲除了可看到禁止亂丟垃圾的廣告外，提醒民眾注意防曬以免得到皮膚癌的標語，也隨處可見。

　　澳洲人會避免在中午太陽最猛烈時到海邊，他們出門時，會穿上防曬衣物，出外前 20 分鐘塗上防曬霜，之後每兩小時補塗一次。另外，學生上學時會戴上可遮蓋臉、頸與耳朵的帽子，從事戶外活動時，會盡量尋找可遮陽的地方，避免長時間在陽光下曝曬。

澳洲的世界地標——雪梨歌劇院

　　雪梨歌劇院（Sydney Opera House）是世界有名的表演藝術中心，也是 20 世紀最具特色的建築之一。雪梨歌劇院從 1959 年開始興建，歷經 14 年完成。2007 年，被聯合國教科文組織評為世界文化遺產。獨特的帆造型，加上周遭的雪梨港灣大橋，是許多遊客必拍照打卡的景點。

　　雪梨歌劇院共有音樂廳、歌劇院、話劇廳、劇院、藝術廳、場館、前院等區域，其中最大的就是音樂廳，可容納 2 千多人，音樂廳內有個號稱全世界最大，由 10,500 根風管所組成的木連管風琴。

生活萬花筒 / 伴手禮

羊毛

澳洲的羊隻數量超過 1 億隻，是全球最大的羊毛生產國，早從殖民時期，澳洲就大力發展畜牧業。平坦的地勢、遼闊的草原和少肉食性動物，都是澳洲畜牧業會如此發達的重要原因。

酵母醬

酵母醬（Vegemite）可是澳洲人最熟悉的家鄉味。什麼是酵母醬？其實，就是用釀啤酒的酵母殘渣和多種蔬菜、香料萃取物所製成的食品，酵母醬顏色呈現深咖啡色，澳洲人喜歡將它塗在吐司上，或搭配酪梨一起食用，酵母醬的營養價值很高，含豐富的維他命 B 群及蛋白質。

為什麼鼓勵購買 公平貿易商品？

　　在全球化的貿易經濟下，臺北可品嘗到來自於哥倫比亞的咖啡，雖然，咖啡農辛苦栽種咖啡豆，但所獲取的利潤可能不到銷售價格的百分之一，為何會如此？因為銷售價格還得再加上加工、運輸、行銷等費用，如何讓辛苦的農夫，有更好的收入，正是推動公平貿易商品的用意。

什麼是公平貿易（Fairtrade）？

　　1940 年，美國與歐洲小型組織開始展開公平貿易行動，他們直接與低度開發國家的生產者購買商品，而這樣的行為，讓那些生產者在買賣的過程中，取得公平價格，這和傳統貿易很不同。

　　傳統貿易如何進行呢？舉例來說，阿土伯在臺灣中南部種菜，菜收成

後，他會先賣給地區收購的菜商，菜商再將阿土伯耕種的蔬菜賣給供應全臺的大盤商。然後，大盤商將蔬菜賣給中盤商，中盤商分售給零售商，零售商再販售給消費者，在人人都獲利情況下，消費者購買的菜價自然不便宜，而最辛苦的阿土伯，實際能拿到的利潤卻不高。

公平貿易，就是消費者直接跟產地生產者購買商品，減化傳輸過程，確保消費者給付的錢，有絕大部分是進入到第一線生產者手中。

為什麼公平貿易商品的價格沒有比較便宜？

市場上可看到的公平貿易商品，農產品占大宗，像是咖啡、可可、蔗糖、茶等，目前，出現在臺灣的公平貿易商品，絕大多數來自於海外。

少了大盤商、中盤商、零售商的運送，公平貿易商品售價是不是會比較便宜呢？事實並非如此，有時，甚至價格還會更高，這是因為公平貿易商品的競爭力比不上量產的全球化商品，所以無法以量制價，同時，小農們也沒有產銷風險控管的能力，在生產量不高情況下，價格自然無法往下降。

小朋友，你可以怎麼做？

根據專家研究，公平貿易運動讓生產者更容易獲得外來的資助，另外，公平貿易生產者得到技術提昇的訓練機會也較多，而公平貿易生產者的家庭，經濟狀況更穩定，小孩也能得到更好的教育機會。

如果大小朋友想購買公平貿易商品，可以去那兒買？網路商城、超市都能找得到，經過認證的公平貿易產品，都會貼上公平貿易標章，消費者直接的購買行動，會讓公平貿易市場越來越蓬勃，也能實質回饋辛苦的生產者。

走吧走吧！跟世界做朋友

美洲大洋洲篇

作　　者：施賢琴（小茱姐姐）／著
繪　　者：KIDISLAND・兒童島／繪

書籍企劃：黃文慧
責任編輯：劉佳玲
封面設計：三人制創
內文版型：林銀玲
內文設計：郭嘉敏
審稿校對：林亮亮、張草子、施賢琴
圖片授權：達志影像

快樂文化
總　編　輯：馮季眉
主　　編：許雅筑

出　　版：快樂文化／遠足文化事業股份有限公司
發　　行：遠足文化事業股份有限公司（讀書共和國出版集團）
地　　址：231 新北市新店區民權路 108-2 號 9 樓
電　　話：（02）2218-1417
電　　郵：service@bookrep.com.tw
郵撥帳號：19504465
客服電話：0800-221-029
網　　址：www.bookrep.com.tw

法律顧問：華洋法律事務所 蘇文生律師
印　　刷：凱林彩印

初版一刷：西元 2020 年 7 月
初版三刷：西元 2023 年 11 月
定　　價：450 元
ISBN：978-986-99016-5-9(平裝)
Printed in Taiwan 著作權所有 侵犯必究

國家圖書館出版品預行編目 (CIP) 資料

走吧走吧！跟世界做朋友 . 美洲大洋洲篇 / 施賢琴著
; 兒童島繪 . -- 初版 . -- 新北市 : 快樂文化出版 : 遠足
文化發行 , 2020.07

　　面；　公分

ISBN 978-986-99016-5-9(平裝)

1. 人文地理 2. 通俗作品 3. 美洲 4. 大洋洲

750.85   109007389

知識
圖書館

豐富孩子的視野

知識
圖書館

豐富孩子的視野

寵壞孩子的泡泡糖

[圖畫書]
知識

知識
圖書館

豐富孩子的視野